ATTELER CHEZ SOI

Bernard Lecointe

ATTELER CHEZ SOI

3e édition

Collection « Cheval pratique »
dirigée par Claude Lux

VIGOT
23, RUE DE L'ÉCOLE-DE-MÉDECINE - 75006 PARIS
2004

Chez le même éditeur :

Dans la même collection « Cheval Pratique » :

- Bartz J. *En attendant le vétérinaire,* 2002.
- Lux C. *Vottre vieux cheval*
- Lux C. *Les 1000 trucs du cavalier,* 2e édition.
- Lux C./Van de Ponseele. *Je dresse mon âne,* 2002.
- Lux C./Van de Ponseele. *Avoir un âne chez soi,* 2e éd, 2003
- V. de Saint Vaulry, *Le cheval d'exterieur,* 3e éd.
- V. de Saint Vaulry, *Communiquer avec son cheval,* 4e éd, 2004
- É. de Corbigny, *Équitation éthiologique, tome 1.*
- É. de Corbigny, *Équitation éthiologique, tome 2.*

Photographies et illustrations de l'auteur.

23, rue de l'École de Médecine, Paris, France
Dépôt légal - novembre 2004 - ISBN : 2-7114-1598-8
Imprimé en France par Pollina - n° L95127A

À Jean-Yves Le Mazou

TABLE DES MATIÈRES

CLIN D'ŒIL

Pour une facilité d'écriture, le mot cheval a été le plus souvent utilisé dans cet ouvrage. Le lecteur voudra bien accepter qu'il désigne à la fois, les poneys, les chevaux, les chevaux de trait, les ânes, les mulets, etc., sans en limiter le nombre.

UN PEU DE THÉORIE

L'attelage est l'art de capter la force animale, par l'intermédiaire d'un lien souple appelé harnais, afin de déplacer une charge principalement représentée par une voiture. (Ce peut aussi être un traîneau, des instruments agricoles avec moteur auxiliaire, ou un travail de débardage).

UN PEU D'HISTOIRE

Les plus anciens témoignages d'utilisation d'animaux attelés (bas reliefs, sculptures, objets de fouille) datent de 5 000 ans avant notre ère. Ces représentations sont communes à plusieurs civilisations antiques. Les techniques employées apparaissent sous une forme si élaborée qu'elles ne peuvent être le fruit d'une génération spontanée. Faut-il ajouter à ces millénaires cinquante ou cent siècles pour dater la naissance de la traction animale ? La question reste posée.

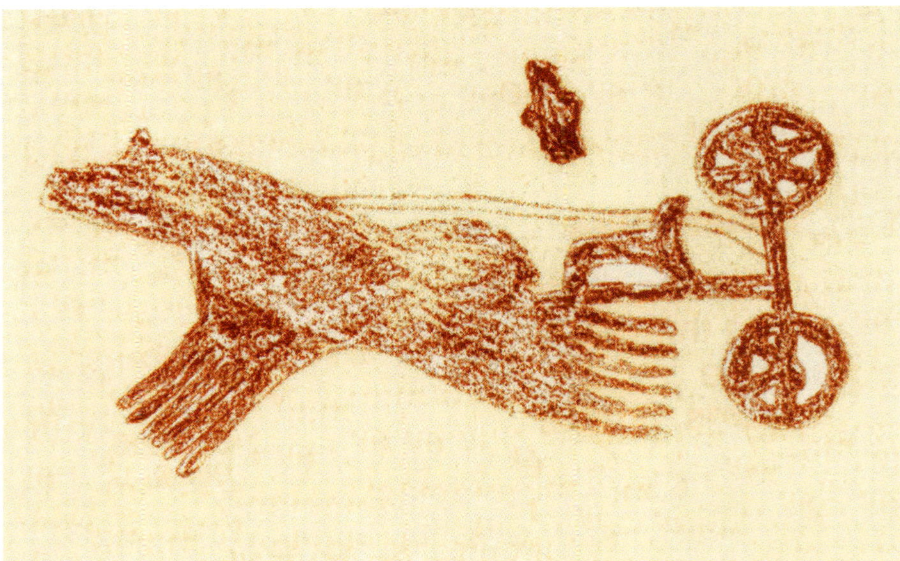

Gravure rupestre 5000 avant J.-C.

À la place du tracteur pour les tâches quotidiennes

Introduction

Vivre le cheval autrement

Les chevaux ont probablement été attelés avant d'être montés. L'usage de la traction animale a ensuite cédé le pas à la force mécanique. Aujourd'hui réapparaît la plus ancienne et la première disparue des techniques d'utilisation du cheval. Cette renaissance n'est pas un phénomène de mode. La pratique de l'attelage s'inscrit dès maintenant dans les faits et dans les aspirations comme une part importante de l'avenir du cheval de loisir et de sport.

L'attelage concerne tous ceux qui s'intéressent au cheval.

En attelant un cheval nous établissons avec lui, notre entourage et notre environnement, une relation de nature écologique et conviviale.
En plus des disciplines qui lui sont propres, l'attelage permet de pratiquer le dressage, le concours complet, les jeux équestres, la promenade, le tourisme équestre, la grande randonnée, les manifestations de prestige et d'élégance, etc.

Par sa morphologie, le cheval est plus apte à la traction qu'au portage. En l'utilisant attelé, c'est-à-dire de manière naturelle, on forge son corps et son moral sans contrainte.
La progression logique de sa formation à l'attelage en fait un très bon cheval de loisir familial et d'extérieur. Les meilleurs sujets deviennent de bons chevaux d'initiation à la voltige.
L'éleveur qui maîtrise les techniques de l'attelage prépare et développe physiquement et psychologiquement ses poulains avant qu'ils soient en âge d'être montés, et exerce ses poulinières.
Le cavalier de concours complet ou d'endurance qui pratique l'art du menage peut entraîner plusieurs chevaux à la fois. À distance égale, la fatigue des chevaux et du cavalier-meneur est moindre.
Le cavalier de dressage qui travaille son cheval à l'attelage voit disparaître, après quelques mois de pratique, des difficultés qui entravaient sa progression.
Celui qui pratique l'équitation d'extérieur apprécie la possibilité de randonner avec moins de chevaux que de participants tout en emportant une charge importante.

Avec un équipage, les joies du cheval sont accessibles aux personnes à qui l'âge, l'état physique ou le manque de formation interdisent la pratique équestre.

Dans un club, la présence d'un cheval de trait attelé attire l'affection des membres et égaie les tâches ingrates du personnel. Sur une propriété, un cheval attelé remplace un véhicule à moteur pour faire le fumier, transporter les fourrages, ramasser les fruits du verger, installer des clôtures, faire ses courses au supermarché, à la coopérative ou chez le marchand de matériaux, etc.

Le désir de composer un bel équipage incite le meneur à rechercher des véhicules de collection qu'il restaure pendant ses loisirs. Le possesseur d'un attelage découvre le plaisir physique de « faire les cuirs » ainsi que le plaisir visuel qu'offre une sellerie bien ordonnée.

L'attelage familial est un point de rencontre entre les adultes et les enfants, permettant notamment aux adultes de pénétrer dans le fascinant univers des poneys.

Enfin, le sauvetage des races de trait, asines et muletières actuellement en voie de disparition, passe par l'attelage.

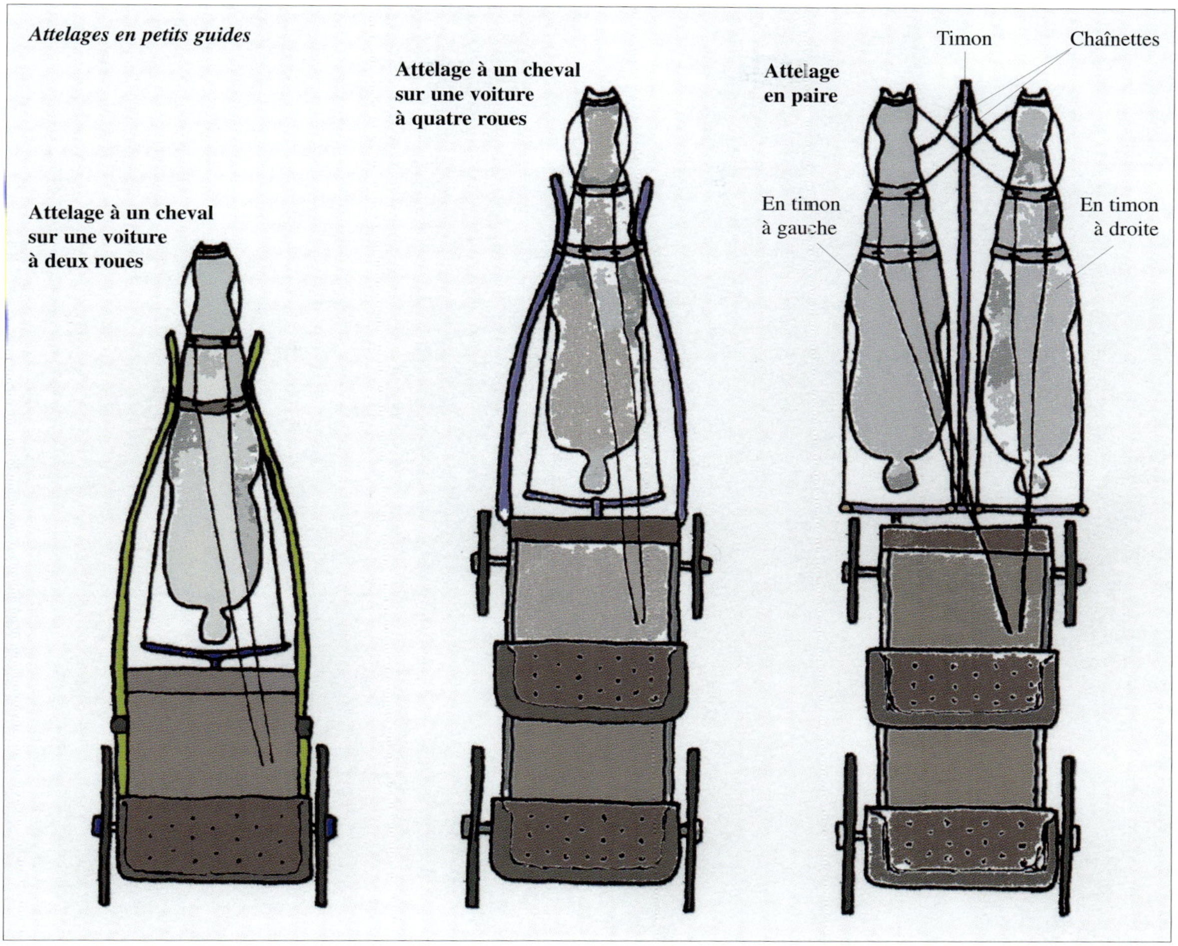

Attelage à un cheval sur une voiture à deux roues

Attelage à un cheval sur une voiture à quatre roues

Attelage en paire

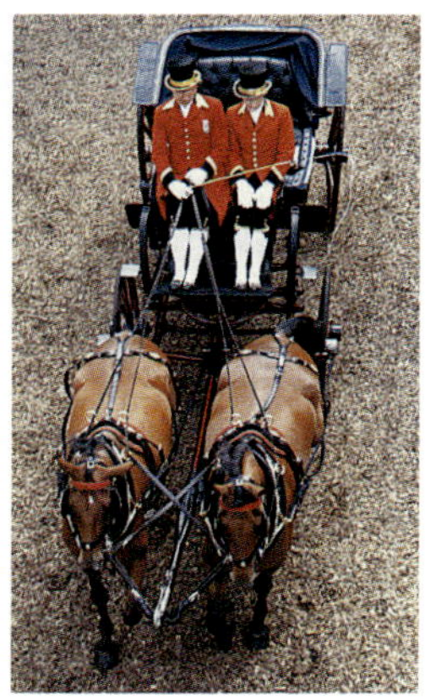

Simple et harmonieux

COMPOSER SON ÉQUIPAGE

Un équipage se compose au minimum de quatre éléments indispensables : un cheval, un harnais, une voiture, un meneur.

LES DIFFÉRENTS TYPES D'ATTELAGE

• ***L'attelage à un cheval*** est la plus courante et la plus accessible des pratiques. Selon le cas, on utilise une voiture à deux roues ou une voiture à quatre roues. Quel que soit son type, la voiture destinée à l'attelage à un cheval est toujours munie d'une paire de brancards.
Il est possible, mais imprudent, de pratiquer seul ce type d'attelage.

• ***L'attelage à deux chevaux*** se pratique avec une voiture à quatre roues. La présence d'un accompagnateur paraît indispensable.
La puissance de traction d'un tel attelage est comparable à celle d'un cheval et demi.
Le menage des attelages à deux chevaux ne pose pas de problème particulier pour un « meneur à un » confirmé. La stabilité de ce type d'attelage, due à l'appairage des chevaux et aux quatre roues de la voiture, est facteur de sécurité.
L'attelage en paire impose des compromis inconnus dans l'attelage à un.
En plus des robes, il faut assortir :
- les tailles (une différence de 5 cm entre les chevaux d'une paire est considérée comme un maximum) ;
- les allures (les chevaux doivent avoir une foulée d'une amplitude semblable afin qu'un cheval ne soit pas obligé de trottiner ou de galoper si l'autre allonge le pas ou le trot) ;
- les tempéraments (il est difficile de mener agréablement un attelage à deux composé d'un cheval d'une grande excitabilité appairé à un congénère plutôt froid). À ces contraintes il convient d'ajouter une difficulté supplémentaire : l'association de deux chevaux ne constitue pas systématiquement une paire acceptable.

• ***L'attelage à trois chevaux de front*** est essentiellement utilitaire. Il se pratique avec une voiture à quatre roues, munie d'une paire de brancards ou de deux timons.

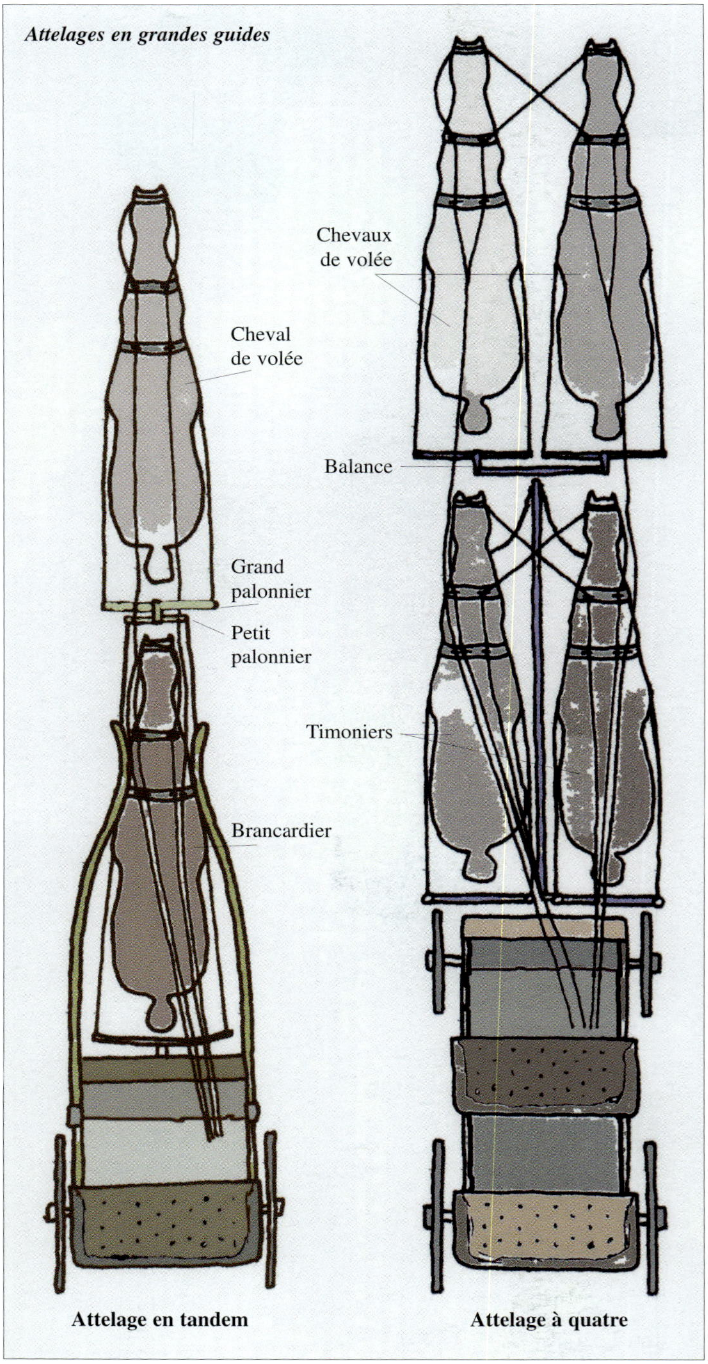

En haut à gauche : attelage à quatre chevaux

Ci-contre : attelage en tandem

• ***L'attelage en tandem*** est composé de deux chevaux attelés l'un derrière l'autre à une voiture à deux roues.
Le cheval de volée d'un attelage en tandem doit être particulièrement perçant et soumis.

• ***L'attelage à quatre chevaux*** est le plus complexe des attelages courants. Il se pratique avec une voiture à quatre roues. La préparation et le menage d'un attelage à quatre chevaux ne peuvent être abordés que par des meneurs particulièrement expérimentés.

PETITES GUIDES ET GRANDES GUIDES

On nomme « attelages en petites guides » les formations dans lesquelles le cheval ou les chevaux sont attelés à la voiture sur un seul rang. Grâce à la combinaison des guides et des croisières, le meneur en ce cas, n'a qu'une paire de guides en mains.
On nomme « attelages en grandes guides » les attelages formés de plusieurs rangs de chevaux. Dans ce cas, le meneur aura en main autant de paires de guides qu'il y a de rangs de chevaux.

UN ÉQUIPAGE HARMONIEUX

Un équipage harmonieux doit respecter certaines règles :
- la cohérence entre la race et le toilettage du cheval, la voiture, le harnais, le style et la tenue du meneur, l'emploi judicieux d'accessoires appropriés ;
- le rapport qualité-prix entre chaque élément ;
- la propreté et la bonne tenue de l'ensemble.

TABLEAU DES COÛTS

Le tableau qui suit, établi selon notre expérience, indique la proportion de budget à allouer à chaque élément d'un équipage. Divisez votre budget total par 100 pour un attelage à un cheval ou par 160 pour un attelage en paire, puis multipliez la valeur obtenue par les chiffres indiqués dans la colonne correspondant à votre situation.

	un cheval	deux chevaux
cheval	x 40	x 80
harnais	x 25	x 30
voiture	x 25	x 40
accessoires	x 10	x 10

Exemple
Vous disposez de 10 000 francs pour constituer un équipage à un poney. Cette somme divisée par 100 fixe la valeur du point à 100 francs. Vous consacrerez donc 4 000 francs à l'achat du poney, 2 500 francs à l'achat de la voiture et autant au harnais. Il vous restera 1 000 francs pour les accessoires.

LES PRINCIPAUX TYPES D'ÉQUIPAGES

Certaines silhouettes classiques sont incontournables et servent d'inspiration et de référence. On les découvre en observant les meilleurs équipages lors des manifestations publiques, l'iconographie des ouvrages spécialisés, celle des journaux équestres.

L'ÉQUIPAGE À « L'ANGLAISE »

C'est la grande silhouette classique, celle que l'on rencontre principalement dans les concours d'élégance, les compétitions sportives et les championnats, les activités de prestige tel que le coaching.
Le cheval doit être toiletté, la crinière nattée. Un damier est éventuellement peigné sur la croupe.
Le harnais à « collier anglais » est utilisé en présentation. Le cuir est noir, parfois rehaussé de parties vernies.
L'embouchure est un mors à branche du type, Anglais, Liverpool, Buxton, etc.
Idéalement, la bouclerie doit être jaune.
La voiture est un modèle de présentation. Elle est garnie avec, au minimum, des lanternes et un coussin de guides.
La tenue du meneur comporte obligatoirement une cravate et une couverture. Il se coiffe d'un chapeau haut-de-forme s'il mène un attelage à quatre chevaux, d'un chapeau dit demi-forme s'il mène un attelage en paire et d'un chapeau melon s'il mène un attelage à un cheval.
Le fouet de l'attelage à « l'anglaise » est toujours à col de cygne.

Pour mener ce type d'équipage, le meneur s'assied sur un siège rehaussé et incliné appelé coussin de guides.

Couverture de ménage

Coussin de guides et siège de passagers

Les jambes sont tendues, les pieds posés sur un repose-pied ou le plan incliné de la voiture. Le dos est droit et bien soutenu.
Les équipiers portent les livrées ou les tenues correspondant aux couleurs et aux traditions de l'équipage.

L'ÉQUIPAGE DE STYLE SPORTIF

C'est un équipage que l'on peut également présenter en concours ou dans des manifestations de prestige. Sa formation est moins coûteuse que l'attelage « à l'anglaise ». Les équipages des pays de l'Est (Hongrie, Pologne, ex-Tchécoslovaquie, ex-Yougoslavie, etc.) et d'Europe du nord (Suède, Hollande, etc.) sont souvent de ce type.
Le cheval doit avoir les crins faits. Les représentants des races rustiques doivent être gardés « tous crins » (haflingers, shetlands, etc.) ou toilettés selon l'usage de leur race (Fjords). La tonte de la crinière confère à ce type d'équipage un petit air « à l'américaine » ou « sport ».
Le harnais de l'attelage de sport est à bricole, le cuir noir ou jaune. Ce peut être un harnais de type traditionnel, par exemple : le harnais hongrois. Dans ce cas, la bouclerie est ciselée, les cuirs sont rehaussés de parties tressées, les traits sont en cuir rond, etc.
L'embouchure est un filet simple ou à quatre anneaux, parfois un mors à petites branches (coup-de-poing, pelham etc.), la bouclerie est jaune ou blanche.
La voiture doit pouvoir affronter des chemins accidentés (wagonnette, break, dog-cart, voiture traditionnelle d'un pays ou d'une région, etc.).
Le meneur porte une veste de sport, la cravate est conseillée. Il se coiffe d'un chapeau mou, la couverture et les gants restent indispensables.
Les équipiers peuvent porter la même tenue que le meneur ou une tenue d'équitation (bombe, veste et bottes).
Le meneur et les équipiers peuvent aussi revêtir un costume folklorique.
Le fouet est du type noué.

Filet à quatre anneaux (celui-ci est à double canon)

L'ÉQUIPAGE DE MARATHON ET DE TRAVAIL

Les meneurs qui pratiquent la compétition ainsi que ceux qui veulent sortir des sentiers aménagés ou travailler dans des conditions difficiles utilisent un matériel de conception moderne. Les critères de préparation d'un tel

équipage devraient être, par ordre de priorité :
- la sécurité ;
- l'efficacité ;
- l'esthétique.

Les crinières des chevaux sont naturelles, nattées ou tondues. Les queues sont libres ou nouées sur elles-mêmes et entourées de ruban adhésif. Les membres peuvent être protégés par des guêtres ou des bandes de travail.

Les chevaux sont garnis d'un harnais de travail ou de marathon. La bricole est devenue prépondérante sur tous types de colliers. Le choix de l'embouchure n'obéit à aucune règle, si ce n'est celle de l'efficacité. Il est bien entendu, qu'elle ne doit en aucun cas être douloureuse pour le cheval.

Les dimensions de la voiture, qui devrait être de conception moderne, sont réduites au minimum et le centre de gravité abaissé. Les parties métalliques pouvant toucher les chevaux, reçoivent des protections en mousse. Le meneur bénéficie d'un « siège de guides » particulièrement enveloppant.

Ce siège est parfois monté sur amortisseur. Les équipiers ont à leur disposition diverses poignées pour se retenir.

Le meneur porte un survêtement ou un blouson de sport.

La couverture qui pourrait s'avérer gênante en entravant les jambes est supprimée. Depuis 1994, l'emploi du casque est obligatoire en France lors des compétitions. Les gants sont indispensables.

Le fouet est du type noué. Le manche est le plus souvent en nylon. La tenue des équipiers est en rapport ou similaire à celle du meneur.

L'ÉQUIPAGE DE LOISIR ET DE RANDONNÉE

Ce type d'équipage doit respecter les règles de sécurité imposées par les contraintes de l'attelage et les règles de bonne tenue communes à toutes les pratiques équestres.

Le cheval est toujours fraîchement pansé. Il porte des protections si la nature du terrain le requiert.

Le harnais est du type sport ou loisir. Il peut être en matériau synthétique, en cuir chromé ou taillé dans un robuste cuir noir. L'embouchure est de préférence le filet.

L'utilisation d'une voiture de conception moderne est préférable. Elle doit être munie de freins à pied, d'un système d'éclairage sur piles ou batterie, d'une capote, de rétroviseurs, de coffres, etc. Si les roues sont de petites dimensions, elles peuvent être montées avec des pneumatiques ce qui abaisse le coût du véhicule.

Le meneur porte une tenue correcte. Selon le lieu et la saison il peut se coiffer d'une casquette de sport, d'un chapeau de paille ou de brousse, d'un passe-montagne, d'un bonnet de laine. Il lui faut toujours porter des chaussures de sport ou de marche.

Le menage de loisir ne justifie pas une position contraignante. Le siège de la voiture est plat, afin que le meneur ne porte pas sur les jambes pendant toute la durée du trajet. Le fouet, à manche de nylon, n'est pas obligatoirement tenu en main. Il est possible de mener sans gants.

Le meneur de loisir chemine parfois à pied, à la tête de son cheval ou pousse la voiture dans les montées.

L'ÉQUIPAGE HISTORIQUE OU FOLKLORIQUE

Certains meneurs cherchent à reconstituer un équipage d'un type historique particulier (cela peut être une diligence de l'ouest américain, un chariot de la conquête de l'Ouest, un véhicule de commerce, un carrosse, une voiture de pompiers, un canon et son caisson, une cantine roulante, un véhicule agricole, etc.).

Pour constituer ce type d'équipage, il faut réunir le plus de documentation possible. Les cartes postales anciennes et les ouvrages historiques peuvent être d'un grand secours, tout comme la visite de musées. Une telle reconstitution ne peut se satisfaire de l'à-peu-près, et ne saurait être confondue avec le déguisement ou la mascarade. Tout doit être exact dans le moindre détail.

S'il est ancien, le véhicule doit être parfaitement restauré. Il faut se garder de tout anachronisme visible dans l'emploi des matériaux. La capote d'une voiture de collection se refait en cuir, pas en skaï. Pour la peinture, il faut retrouver les tonalités d'origine.

Pour des raisons de sécurité, mieux vaut ne pas utiliser un harnais ancien. Les cuirs ne présentent plus les garanties suffisantes de solidité. Si le harnais est une pièce de musée, sa place est dans une vitrine. La bouclerie ancienne peut être copiée et les cuirs refaits à neuf. Le sellier prendra modèle sur l'original.

Les vêtements d'époque à la fois à votre taille et en bon état de conservation sont rares. Si vous en possédez, ils pourront servir de modèle pour une copie, et fourniront des informations sur la nature des tissus.

Pour parfaire un tel équipage, les accessoires sont indispensables : lanternes, malles, paniers, bouillottes, cannes, parapluies, ombrelles, pelles, pioches etc. Vous en trouverez assez aisément dans les brocantes.

L'HARMONISATION DES ROBES

La « Tradition» (que rien n'interdit de bousculer), impose ses exigences quand au choix des robes. Dans un équipage multiple, les chevaux de robe alezane ne se mêlent pas avec ceux d'une autre robe. Mêler des chevaux de robe baie et grise est accepté. Ainsi, un attelage en paire pourra être :

- composé uniformément de chevaux de robe alezane, baie ou grise ;
- composé d'un cheval de robe baie et d'un cheval de robe grise.

De nos jours la tendance est à unifier les robes dans un même attelage. Le fait de choisir certaines races de chevaux imposera la robe qui leur est particulière.

Le Camargue : un poney apte et performant bien que méconnu

CHOISIR SON CHEVAL

« Regarde le grand et prend le petit » dit un proverbe arabe. Considération intéressante qu'il faut toutefois tempérer, la masse devant, en attelage, rester en rapport avec la charge tractée si l'on veut que le cheval ne se fatigue à la tâche et puisse briller dans le mouvement.

LE SEXE DU CHEVAL D'ATTELAGE

L'attelage d'un entier doit être abordé avec circonspection par le meneur de loisir. Le cheval entier a rarement le calme exigible d'un cheval de voiture. Il n'est pas toujours possible de le garder au pas. Lui imposer l'arrêt-immobilité tient parfois de la gageure.

Le moins chaud des entiers peut avoir des réactions imprévisibles à l'approche de juments. Il faut aussi prévoir qu'il ne sera pas accepté partout.

La jument, animal physiquement intègre, présente un caractère entier. Elle est généralement attentive aux demandes du meneur et appliquée au travail. Sa résistance est au moins égale à celle du hongre.

Le hongre, qui ne connaît plus les problèmes de l'entier et ignore ceux de la jument, a la préférence de la majorité des meneurs. On pourra toutefois lui reprocher un certain manque de personnalité.

QUELLE RACE CHOISIR ?

À poids égal, la puissance de traction d'un cheval dépend de sa taille, de sa masse, de sa morphologie, de la qualité de son squelette et de ses tissus. La disposition de ses rayons articulaires régit le mouvement. Pousser la cadence au-delà de la vitesse permise par ceux-ci ne peut qu'entraîner des irrégularités d'allure et, à plus ou moins long terme, engendrer des boiteries. Une condition physique insuffisante aura les mêmes effets.

On veillera donc à ce que le cheval choisi puisse soutenir, sans sortir de sa cadence naturelle, la vitesse à laquelle on souhaite le faire travailler en préservant le calme et l'équilibre moral, ceci à toutes les allures.

Aucune race ne devrait être écartée a priori. Même dans les races dites « sensibles », il est possible de découvrir un sujet présentant des aptitudes satisfaisantes.

LES PONEYS

Les poneys sont petits, rassurants, rustiques, résistants et peu onéreux, tant à l'achat qu'à l'entretien. Leur menage est particulièrement ludique. Ils conviennent à tous les types d'attelage, et la faveur de nombreux passionnés leur est définitivement acquise. Leur taille n'est pas un handicap.
Il faut reconnaître que les amateurs de poneys ne manquent pas d'arguments. Selon eux, les poneys seraient peu sensibles aux plaies de harnachement, faciles à attacher, parfois utilisables sans ferrure ou « gardant bien leurs fers » et les usant peu, guère sensibles aux coliques, faciles à nourrir, sobres, doués d'une santé de fer, rarement boiteux, courageux, adroits, pleins de sang-froid, etc.
L'éducation et le menage du poney doivent être pris très au sérieux. Du fait de sa taille, il est moins stable que le cheval. Ses réactions sont rapides, imprévisibles, et souvent fantaisistes. Pour un meneur hésitant, il est plus facile de s'imposer à un cheval qu'à un poney.

• ***Races de poneys à vocation principalement carrossière***
Le Fjord, l'Haflinger, le Mérens, le Shetland.

• ***Races de poneys à vocation principalement sportive***
Le Camargue, le Connemara, le Dartmoor, le Français de selle, le High-

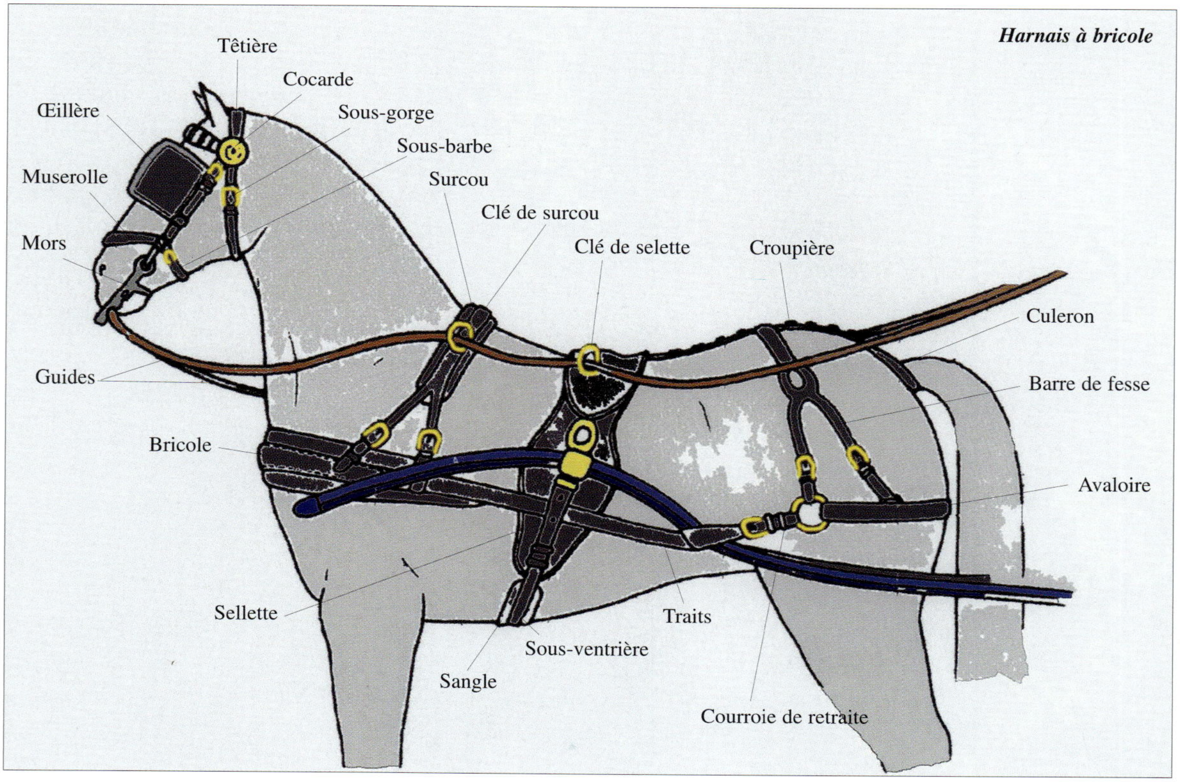

land, le Landais, le New forest, le Pottok, le Welsch.

LES CHEVAUX

Chaque race équine attire une catégorie spécifique d'amateurs, qui choisit parmi les sujets disponibles ceux dont les aptitudes se rapprochent de leurs exigences. Il est assez difficile de se procurer des chevaux d'attelage sains à prix raisonnables si l'on recherche des sujets dans les races habituellement élevées pour la compétition. De plus, les chevaux de sport ont perdu leur caractère de rusticité et sont devenus performants, au prix d'une certaine fragilité.

Le meneur qui choisira d'atteler des chevaux aura le choix entre deux options : les sujets issus de races carrossières, et ceux de races à vocation sportive.

• ***Quelques races de chevaux à vocation principalement carrossière***
Le Franche-montagne (Suisse), le Frison (Hollande), le Gueldre (Hollande), le Klabruber (Tchéquoslovaquie), le Lipizzan (Autriche, Hongrie, Yougoslavie), le Welsh cob (Grande-Bretagne), le Cob (France).

• ***Quelques races de chevaux à vocation principalement sportive***
- Les Oldenbourgs, les Hanovriens, les Holsteins (Allemagne) ;

Harnais à collier

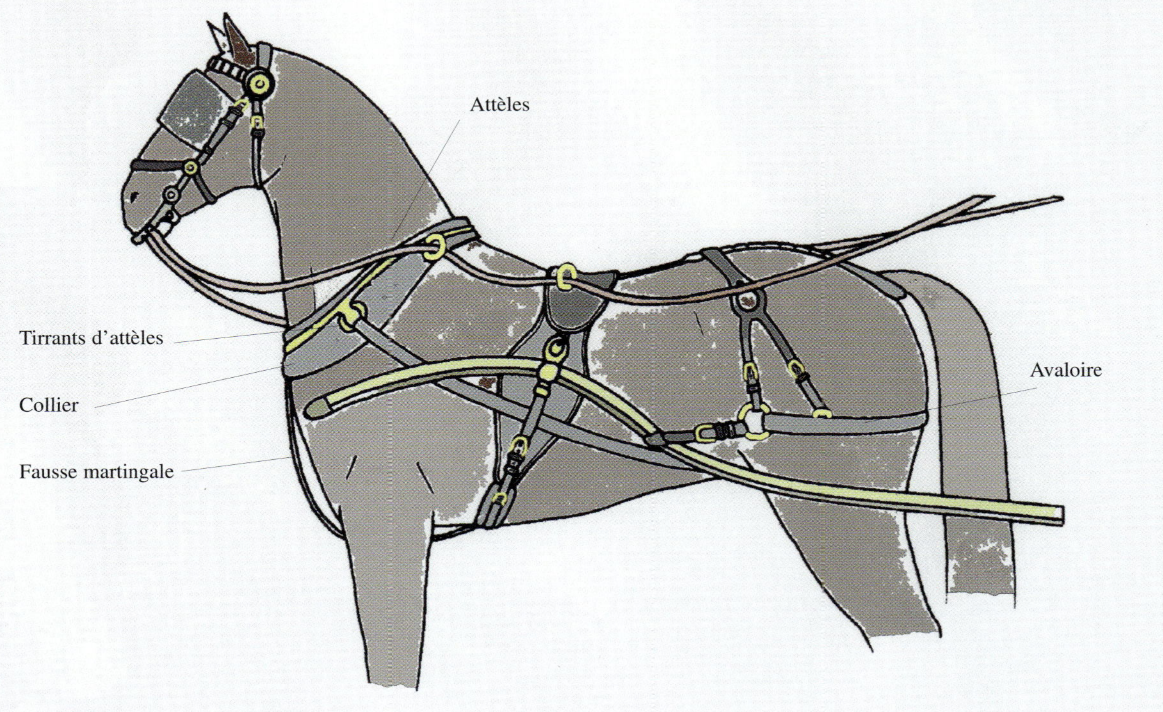

- le cheval Arabe (origine multiples), le cheval Barde (Afrique du Nord), l'Anglo-arabe, le Henson, le Pur-sang, le Selle français, le Trotteur français (France), le KWPN (Hollande).

Il faut rappeler que les pays de l'Est, et de l'Europe du Nord produisent de magnifiques chevaux d'attelage.

LES CHEVAUX DE TRAIT

Depuis quelques années, les races de trait, anciennement dites « races lourdes », font des débuts prometteurs dans l'attelage de sport et de loisir. Leur sélection, basée depuis des siècles sur l'aptitude au travail et les bons rapports avec les hommes, ne peut être que facteur de réussite. Les meneurs composant actuellement un attelage de chevaux de trait pour le sport et le loisir ont tendance à rechercher des sujets à la queue non écourtée.

• ***Races de chevaux de trait à vocation principalement carrossière***

L'Ardennais et l'Ardenais du Nord, l'Auxois, Ie Breton, le Comtois, Le Mulassier poitevin.

• ***Races de chevaux de trait à vocation principalement sportive***

Le Boulonnais, le Cob, le Percheron.

Harnais en paire à bricole

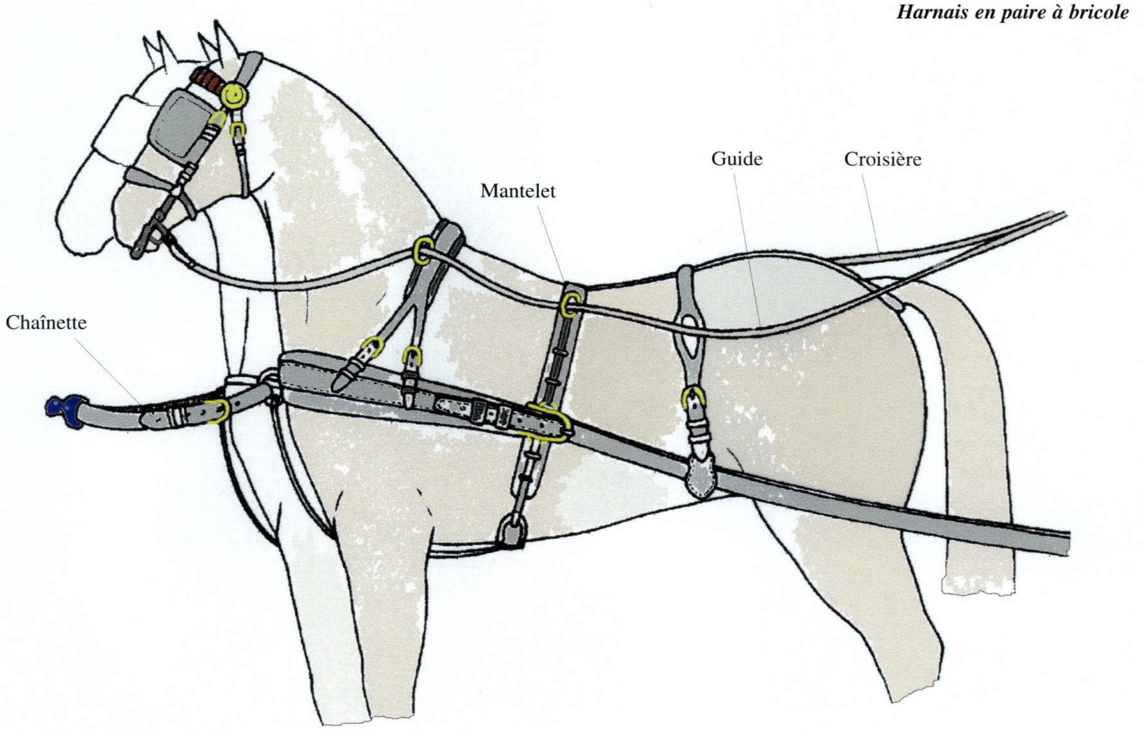

UN BON CONSEIL

Si vous envisagez l'achat d'un cheval déjà attelé (origine locale ou pays de l'Est), vous devez impérativement exiger du vendeur que ce cheval :

- vous soit présenté attelé à un,
- qu'il soit garni d'un harnais normalement sanglé,
- que la têtiaire soit munie d'une muserolle et d'œillères,
- que toutes les pièces du reculement figurent (avaloir, culeron, etc.),
- qu'il évolue à chaque main aux trois allures.
- que les papiers définitifs et parfaitement en règle vous soient remis avant le règlement.

CHOISIR SON HARNAIS

Simple et beau

Principalement composé de cuir, le harnais assure une liaison souple entre le cheval et la voiture. Pour le choisir et l'utiliser correctement, il est indispensable de connaître les quatre appareils qui le composent, ainsi que les éléments propres à chacun d'eux.

Collier de type « anglais »

LES APPAREILS DU HARNAIS

• ***L'appareil de direction*** permet de contrôler l'allure, la vitesse et la direction du cheval.
Il comprend : l'embouchure, la têtière, les guides.

• ***L'appareil de traction*** sert à capter la force animale pour la transmettre au véhicule.
Il comprend : le collier ou la bricole, les traits.

• ***L'appareil de portage*** permet :
- dans le cas de l'attelage à un, de soutenir les brancards et de les solidariser avec le cheval ;
- dans le cas de l'attelage en paire, de soutenir les traits ;
- dans le cas de l'attelage à un, sur une voiture à deux roues, l'appareil de portage comprend : la sellette, la dossière, les bracelets de brancards, la sangle, la sous-ventrière.
- dans le cas de l'attelage à un, sur

une voiture à quatre roues, l'appareil de portage comprend : la sellette, la dossière, les porte brancards, la sangle, la sous-ventrière;
- dans le cas de l'attelage en paire, l'appareil de portage comprend : le mantelet, le contre-sanglon de mantelet, la boucle à mancelle, la sangle, la sous-ventrière.

• ***L'appareil de retenue et de reculement*** permet de retenir le véhicule dans les descentes et de le faire reculer lors des manœuvres.
Il comprend : la croupière, le culeron, la barre de fesse, l'avaloir, les courroies de retraite.

LE COLLIER OU LA BRICOLE

L'avantage de la bricole est de s'adapter parfaitement, en toutes circonstances, à tous les chevaux. Elle trouve sa place sous la base de l'encolure; au-dessus de la pointe de l'épaule.
Le collier a la réputation de donner un appui supérieur à celui de la bricole et de permettre au cheval, grâce au bon dégagement des parties anatomiques de la base de l'encolure, de bien monter son dos et d'exprimer pleinement sa force.
Pour certains, la position des clés de guides, situées plus haut sur le collier que sur la bricole, a une influence positive sur la mise en main du cheval. Dans la réalité, une même bricole peut convenir à beaucoup de chevaux, et tous les selliers, professionnels ou non, peuvent en confectionner une convenable. Il faut aussi savoir qu'à qualité égale, un harnais à bricole est toujours moins cher qu'un harnais à collier.
Le collier demande à être confectionné par un spécialiste, avec des matériaux rares, la paille de seigle récolté à la main, par exemple. Pour son ajustement, il faut tenir compte de l'évolution musculaire du cheval, qui peut être importante à mesure de son développement. Certains fabricants emploient des corps de colliers moulés en matière synthétique. Cela ne change rien au problème de l'ajustement.

Bracelets de brancards (voiture à deux roues)

LES HARNAIS ANCIENS

Par harnais ancien il faut entendre le matériel fabriqué entre le Second Empire et la Seconde Guerre mondiale. Ce matériel présente un intérêt historique et esthétique indéniable. Pour ces raisons, il convient de le laisser exposé en bonne place dans le

Porte brancards (voiture à quatre roues)

salon ou le coin musée de la sellerie. Les coutures fatiguées et les cuirs fragiles ne sauraient assurer une sécurité d'emploi raisonnable pour un usage normal et moins encore en cas d'incident.

Les harnais d'occasion

Les harnais d'occasion sont de fabrication récente. Ce type de matériel commence à apparaître sur le marché, dans les annonces de la presse équestre ou dans les bulletins des associations régionales d'attelage. La durée de vie d'un harnais de bonne qualité étant longue, un tel achat peut s'avérer judicieux. Pour un harnais d'occasion, les possibilités de dissimuler des défauts sont moindres que pour celles d'un harnais neuf.
Vérifiez avant tout l'intégrité de l'arçon de sellette et la bonne tenue des clés de guides, la résistance des coutures et des fils, la fatigue des ardillons de boucles et des perçages de contre-sanglons. Attention à l'oxydation de la bouclerie.
Au moment de l'achat, on s'assurera que des modifications trop importantes ne seront pas nécessaires pour ajuster ce harnais à la taille du cheval. Dans le cas contraire et si l'on n'est pas capable d'effectuer soi-même les petites retouches voulues, on devra s'assurer à l'avance de la collaboration d'un sellier. Le coût et les délais de son intervention devront être convenus à l'avance.

La classification des harnais

Un même matériel ne pouvant servir à tout, il faut distinguer :
- *le harnais de loisir,* qui convient pour l'attelage léger et occasionnel sur de bons chemins, la petite randonnée, les jeux équestres. Il doit être mixte ;
- *le harnais de sport,* qui convient pour le débourrage, le travail en terrain varié, la traction d'une voiture à quatre roues, l'endurance, la randonnée au long cours ;
- *le harnais de présentation,* qui convient pour un attelage élégant, sur des véhicules de haut de gamme, en compétition ou en exhibition de prestige ;
- *le harnais de travail,* qui convient pour la forte traction, le débourrage intensif, le travail quotidien, la compétition nationale et internationale.

Appareil de direction
Têtière
Embouchure
Guides

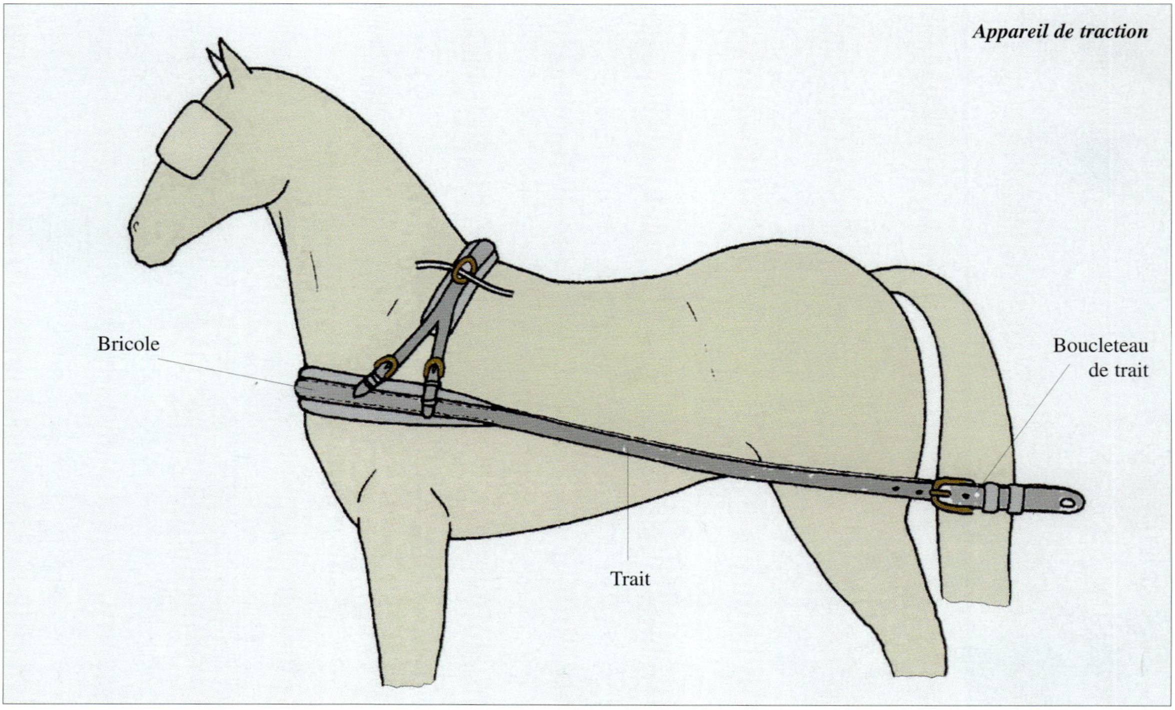
Appareil de traction
Bricole
Boucleteau
de trait
Trait

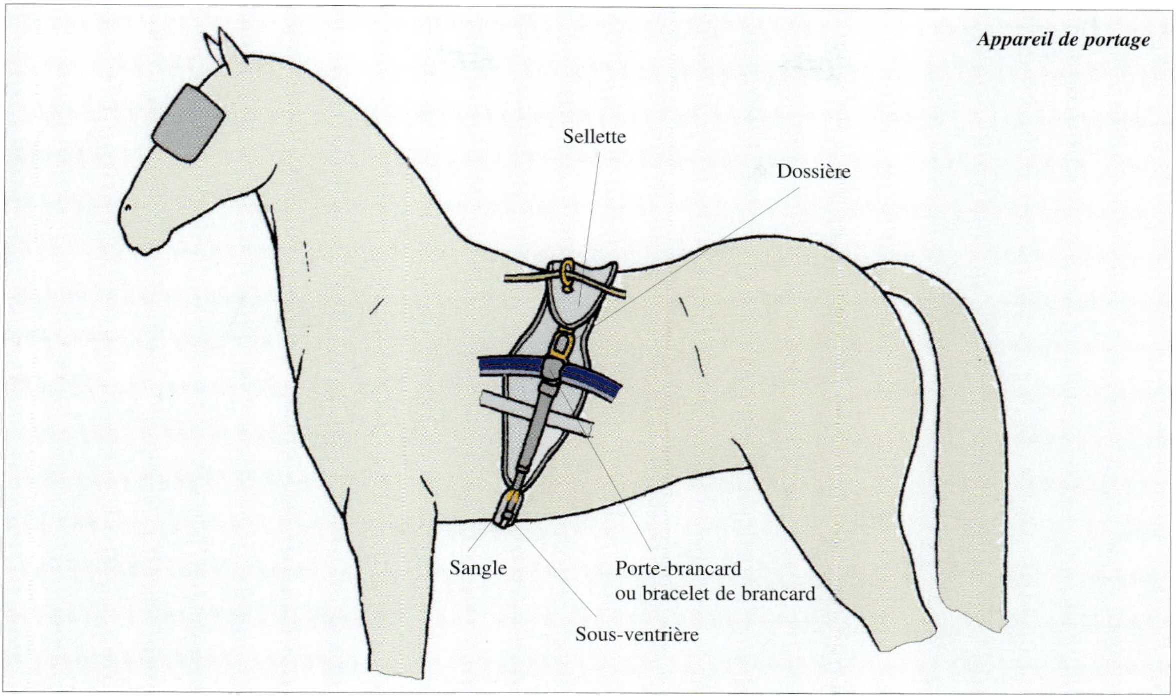
Appareil de portage
Sellette
Dossière
Sangle
Porte-brancard
ou bracelet de brancard
Sous-ventrière

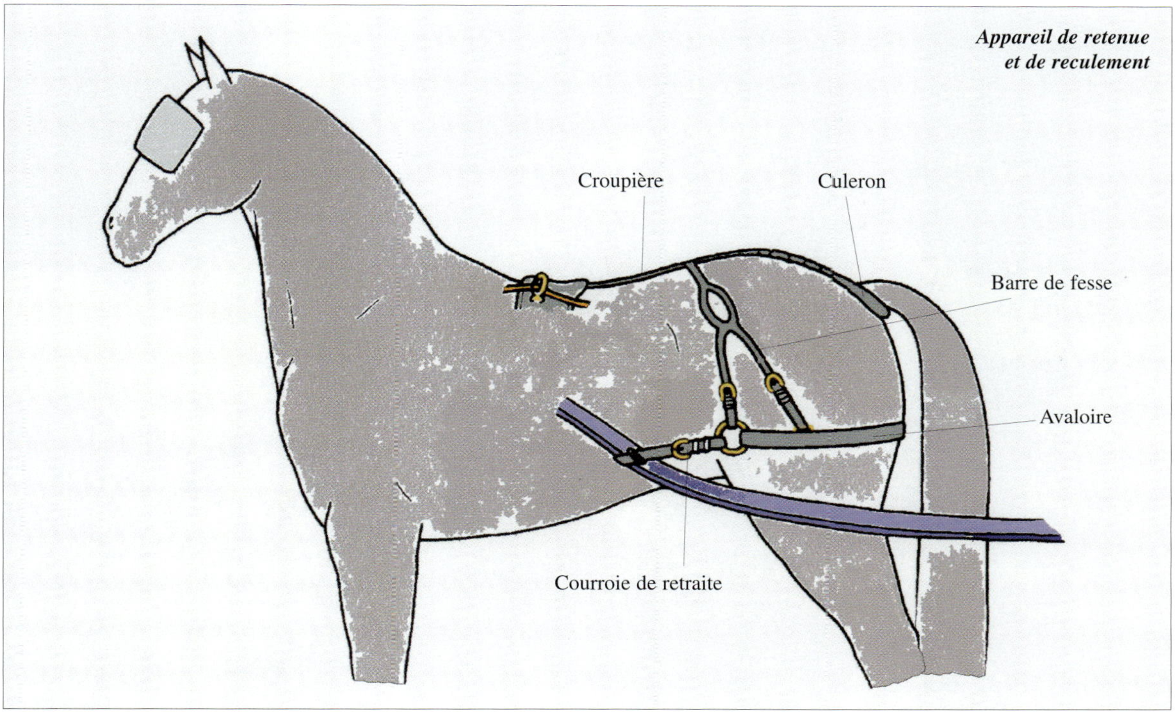
Appareil de retenue
et de reculement
Croupière
Culeron
Barre de fesse
Avaloire
Courroie de retraite

Voiture de conception moderne

CHOISIR SA VOITURE

Voiture ancienne ou voiture de conception moderne ? De quel type ? Le choix du modèle dépend de la composition de l'équipage. Pour ce faire, la connaissance de quelques généralités sur l'évolution et la conception des voitures peut faciliter la décision.

GÉNÉRALITÉS

Pour des raisons tenant à l'historique de la traction hippomobile, on se trouve devant une double possibilité :

- choisir une voiture de « conception traditionnelle » ;
- choisir une voiture de « conception moderne ».

La fabrication des voitures hippomobiles « traditionnelles » a connu son apogée dans la période située entre le Second Empire et 1940.

Les voitures dites « modernes » sont apparues dans les années quatre-vingts.

La différence est principalement une affaire de matériaux et de technologie.

Les voitures de conception traditionnelle sont composées de pièces de bois maintenues par des parties métalliques forgées et vissées.

Les voitures de conception moderne sont composées de profils métalliques assemblés par soudure électrique et de pièces détournées de l'industrie automobile et agricole. Les procédés de finition sont identiques à ceux de la carrosserie automobile, et utilisent les mêmes produits.

Certains modèles modernes copient des modèles anciens. D'autres sont entièrement nouveaux, principalement créés pour répondre aux exigences de la compétition d'attelage, grâce à des technologies de pointe dont profitent les meneurs de loisirs.

Le choix d'un modèle de voiture dépend de sa destination. Avec une voiture à deux roues, on peut pratiquer l'attelage à un cheval et le tandem. Avec une voiture à quatre roues on peut pratiquer l'attelage à un cheval et l'attelage en paire.

Le choix de la voiture à deux roues s'impose si l'on souhaite privilégier la légèreté et le prix d'achat.

Le choix de la voiture à quatre roues se justifie si l'on recherche la stabilité, le confort, la possibilité de charger lourdement ou de transporter de nombreux passagers, ainsi que des charges longues.

Grâce à son avant-train articulé, la

voiture à quatre roues peut prendre des tournants plus serrés et évoluer dans des espaces plus réduits que la voiture à deux roues.

LA COMPOSITION DES VOITURES

Quel que soit son type, une voiture à deux roues comporte obligatoirement :
- la caisse, dans laquelle se trouve le ou les sièges ;
- le train, qui est composé des roues, de la suspension, de l'essieu ;
- les brancards ;
- le point de traction, généralement un palonnier, où s'attachent les traits.

Elle peut facultativement, comporter un système de freinage, et des accessoires.

Quel que soit son type, une voiture à quatre roues comporte :
- la caisse, dans laquelle se trouve le ou les sièges ;
- l'avant-train qui permet le pivotement du train avant ;
- les trains avant et arrière qui sont composés des roues, des suspensions, des essieux ;
- les brancards ou le timon (dans le

Qu'il soit attelé seul ou en paire, le cheval tourne plus court et plus facilement avec une voiture à quatre roues

cas de l'attelage en paire) ;
- le ou les points de traction, généralement constitué de palonniers, où s'attachent les traits.

Silhouettes des voitures les plus courantes

Elle peut facultativement, comporter un système de freinage et des accessoires.

LES ACCESSOIRES

Les accessoires les plus courants sont :
- le porte-guide, destiné à empêcher les guides de frapper la croupe du cheval ;
- le garde-crotte, qui soutient le porte-guide et protège les passagers des fouaillements de la queue des chevaux et des projections diverses ;
- la crapaudine, destinée à recevoir le fouet ;
- les marchepieds et les poignées servant à faciliter l'accès de la caisse au meneur et aux passagers ;
- les systèmes d'éclairage et de signalisation.

L'USURE DES VOITURES

Rares sont les voitures traditionnelles ayant eu la chance d'être remisées dans de bonnes conditions de conservation. Le bois peut avoir souffert des intempéries et des parasites, le métal, de l'oxydation. Même si elles ont bonne apparence, il convient d'user avec prudence des voitures anciennes qui n'ont pas subi une totale réfection.

Les voitures neuves de conception moderne ne doivent pas poser de problème particulier et les acheteurs bénéficient des garanties du fabricant.

Voiture à deux roues

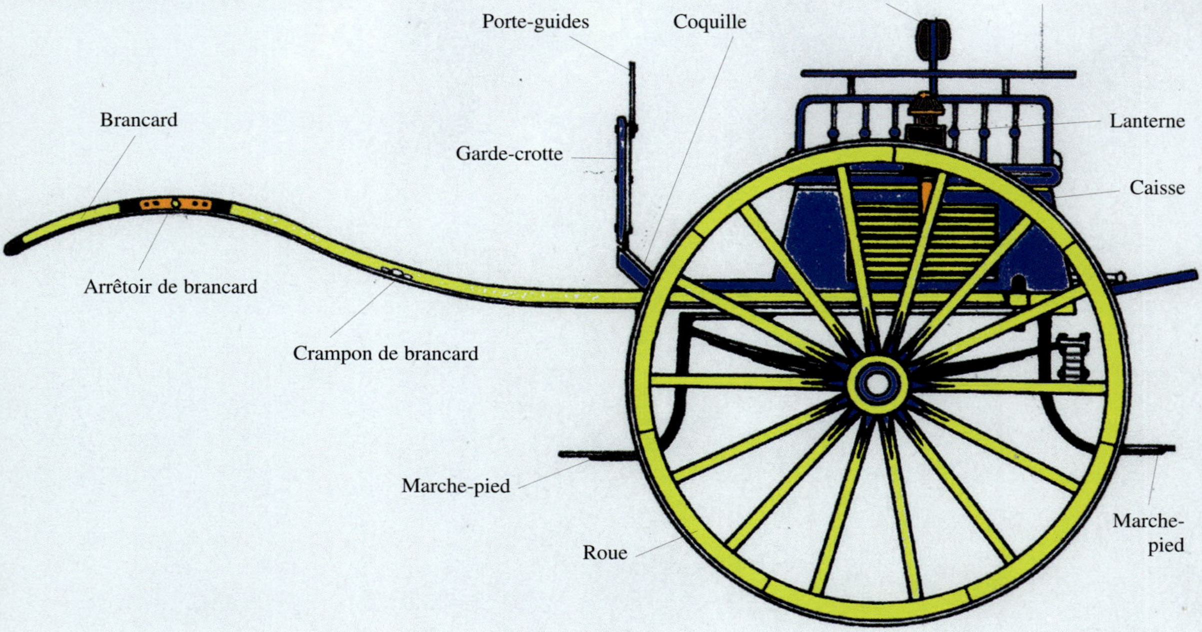

Les voitures de conception moderne d'occasion ne peuvent cacher grand-chose. Une évaluation du degré d'usure et de fatigue permet d'en fixer le prix.

Il faut vérifier :

- l'état des freins et des roulements de roues ;
- l'état de l'avant-train ;
- l'intégrité des soudures.

Il est anormal que des soudures aient été rechargées ou que des pièces de renfort aient été rajoutées sur le châssis d'origine.

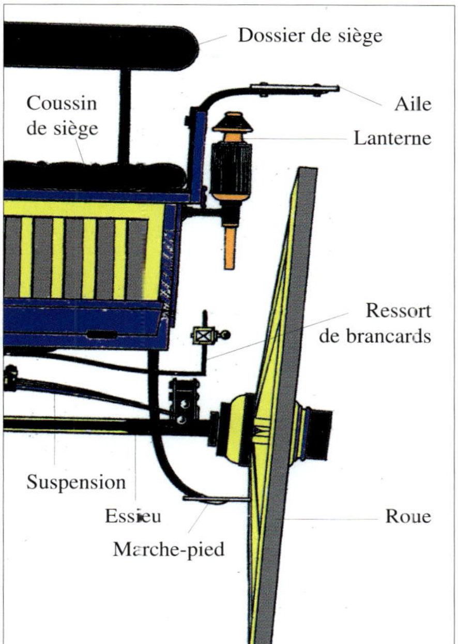

Partie arrière de la voiture

Partie avant de la voiture

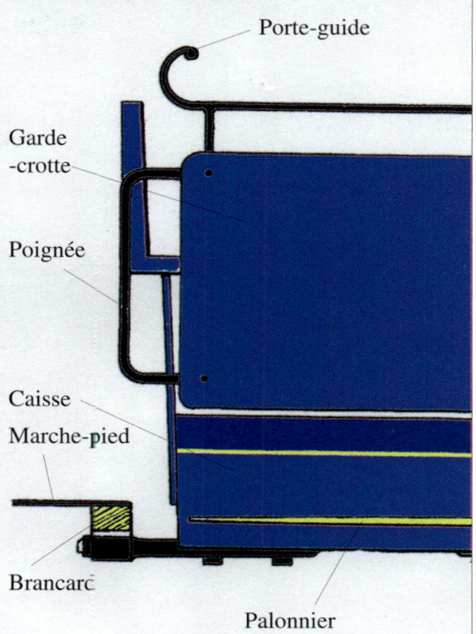

Roue de face

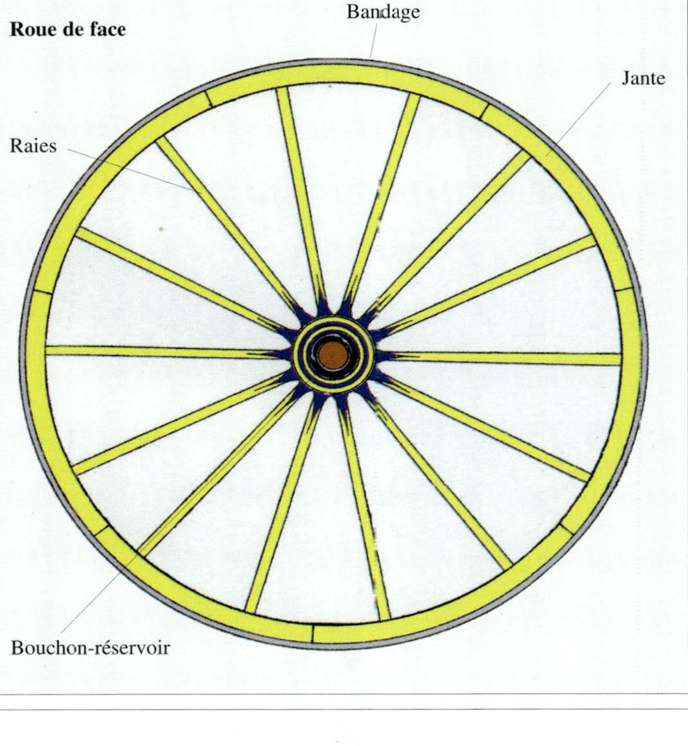

Roue de profil

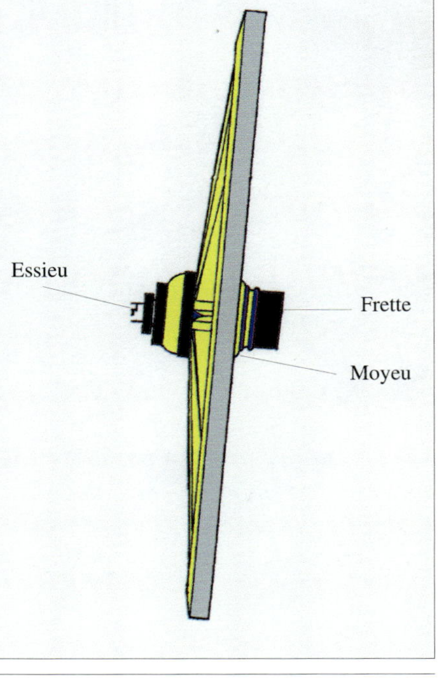

FREINS

• *Sur les voitures de conception traditionnelle*, l'action de freinage est exercée par le frottement d'un patin de bois, de métal ou de caoutchouc sur le bandage de la roue. Ce patin est appliqué, avec plus ou moins de force, par le déplacement d'une tringlette métallique.
Pour provoquer l'action de freinage, le meneur tourne une manivelle, lance un volant, tire ou repousse un levier.

• ***Sur les voitures de conception moderne***, le principe de freinage a été emprunté aux véhicules motorisés. L'action de frottement ne s'exerce plus sur le bandage de la roue mais sur son moyeu par le moyen d'un tambour ou d'un disque. L'action se commande au pied.
En libérant la main droite du meneur, le freinage à pied a modifié la technique du menage.

BRANCARDS ET TIMON ARTICULÉS

Immuables dans leur fonction de gourvernail, les brancards et timons des voitures à quatre roues de conception moderne bénéficient d'apport techniques importants.

• ***Dans un premier temps***, les timons sont devenus *mobiles* et *compensés*.
- *Mobiles* afin de ne pas transmettre aux chevaux les à-coups provoqués par la voiture et se lier à eux dans les montées et les descentes.
- *Compensés* (par des amortisseurs) afin de ne pas faire porter aux chevaux le poids du timon.

Timon articulé

• ***Dans un second temps***, ils ont été *articulés*. Le timon articulé ajoute au train avant de la voiture un point de rotation supplémentaire
Ce dispositif facilite le menage de précision en permettant aux roues avant de parcourir une trajectoire identique à celle suivie par les chevaux de timon.
Dans le cas de l'attelage à un cheval, un équipement identique articule les brancards sur le train avant.
Les voitures munies d'un dispositif d'articulation devraient être utilisées avec prudence, aux allures vives, par les meneurs ne bénéficiant pas d'une grande expérience de la compétition.

Crapaudine du fouet

Lanterne

Palonnier

Mettre son cheval à l'attelage

Garnir est le premier mot à connaître et la première action à maîtriser. Le cheval est dit « garni » lorsque, couvert de son harnais, il est prêt à se rendre à la voiture pour y être attelé. Avant d'aborder les techniques particulières à la traction, il faudra lui faire accepter le contact des différents éléments du harnais sur son corps.

L'acceptation et la familiarisation

Le débourrage du cheval d'attelage débute à la longe, sur le cercle. Il est préférable d'y procéder dans un lieu auquel il est acclimaté, en utilisant un matériel qu'il connaît, et avec des personnes qui lui sont familières. Les éléments inconnus doivent être le moins nombreux possible pendant les leçons. Au besoin, il faut les introduire progressivement dans son univers avant les séances de travail.

Si le cheval ne connaît pas les lieux, il faudra les lui faire découvrir en main ou monté. Si l'on utilise un lieu clos tel un pré ou un manège, il est préférable de l'y mettre en liberté quelques jours avant de commencer le travail.

Il faudra aussi le familiariser avec les chemins qui seront empruntés lors des premières sorties attelées. C'est trop demander à un cheval, que de tirer une voiture pour la première fois dans un lieu inconnu.

Si l'on a la chance d'avoir autour de soi des chevaux attelés, il ne faut pas hésiter à seller son élève et, avec l'accord du meneur, suivre l'équipage. On fait ainsi découvrir à sa monture, la vision d'une voiture en mouvement et ses bruits.

L'accoutumance à la vision du matériel se prépare en disposant la voiture et le harnais devant le box, pendant la journée. À l'occasion des déplacements, on veillera à ce que le cheval passe de plus en plus près. On n'hésitera pas à lui faire manger un peu de foin ou de granulés dans la caisse de la voiture ou au pied du porte-harnais.

Il faut toutefois se garder de laisser les harnais, les chambrières et les longes à proximité de sa bouche. Comme les enfants, les chevaux aiment découvrir en goûtant.

Belle attitude de traction lors du débourage

Il est imprudent de laisser le cheval garni dans son box sous prétexte de l'accoutumer au port du harnais. Il se roulerait ou se frotterait aux murs, au grand dommage du matériel.

Pour ce qui est de l'acceptation des personnes, il faut avoir à l'esprit que par ses variations de comportement, la diversité de ses exigences, son instabilité émotionnelle, ses fréquents changements de tenues, ses odeurs variées, sa voix instable, l'élément le plus perturbant pour le cheval est l'homme.

L'éducateur doit aussi s'interroger sur le degré de confiance que le cheval lui accorde. Couvert de cuir, encadré par les brancards mais loin du meneur, le cheval d'attelage n'est prisonnier que sur parole.

LE MATÉRIEL UTILE POUR DÉBOURRER UN CHEVAL

- Un licol
- Un caveçon
- Une embouchure
- Deux longes
- Une chambrière
- Une montre ou un chronomètre
- Un rond matérialisé (éventuellement par des balles de paille)
- Un harnais de travail
- Des protections de membres
- Une traîne en bois ou un vieux pneu munis d'un palonnier
- Des cordes
- Des faux brancards (tuyaux de plomberie en plastique rigide)
- Une voiture à deux roues

Traîne en bois

Traîne confectionnée avec un vieux pneumatique

Le lien moral qui unit l'homme et le cheval doit être sans faille. Ce lien sera plus fort si l'éducateur nourrit lui-même son élève, assure le pansage et l'entretien des harnais.

Le cheval à besoin de points de repère olfactifs; il est rassurant pour lui de retrouver sur les vêtements de l'homme sa propre odeur et celle des harnais.

Il faut se souvenir que lorsque l'on pénètre dans le champ de perception sensorielle d'un cheval, celui-ci éprouve une sensation d'inquiétude jusqu'à ce qu'il ait manifestement identifié l'impétrant.

Lors des premiers rapports, afin de faciliter l'identification, il faut veiller à garder une odeur corporelle constante. Que l'éducateur sente la sueur, l'eau de toilette ou le savon à la lavande n'est pas important, mais il est indispensable qu'il dégage la même odeur à chaque contact.

Il faut aussi faciliter la reconnaissance

visuelle du cheval. S'il a été longé la veille par une personne vêtue d'un pull jaune et coiffée d'une casquette, il aura du mal à y reconnaître le lendemain une personne vêtue d'un parka vert et coiffée d'une capuche.
De nombreux malentendus découlant des variations de la voix, de la silhouette et de l'odeur de l'éducateur sont injustement attribués à l'instabilité du cheval. L'homme est rarement conscient d'en être responsable.
Dans certains cercles d'initiés, il se chuchote des « secrets » qui permettraient soi-disant de mieux se faire accepter par les chevaux.En voici quelques-uns parmi les plus connus :
- effectuer le pansage et promener le cheval en longe après lui avoir bandé les yeux ;
- lui souffler dans les naseaux ;
- mouiller de sa salive les friandises qu'on lui donne ;
- uriner dans son box, etc.

LA PRÉPARATION

Sans qu'il soit dans l'intention de ce modeste ouvrage de développer une méthode de dressage du cheval d'attelage, il n'est pas inutile d'en rappeler la progression.
On ne passera à la phase suivante qu'après que le cheval ait bien assimilé la précédente.

DANS LE CERCLE

- Travailler en longe sur le cercle, aux trois allures et aux deux mains.
- Obtenir arrêts, départs et variations d'allures à la voix et à la vue du fouet.
- Introduire une longe extérieure que l'on fait passer entre chaque membre, sous les fesses, sous la queue.
- Introduire la sellette.
- Ajouter la croupière et le culeron.
- Mettre l'avaloire (nouer les courroies de retraite sur la sous-ventrière.
- Placer la bricole (nouer les traits autour de l'avaloire).
- Introduire l'embouchure que l'on installe sur le licol ou mieux, sur un caveçon à l'aide de deux courroies d'éperons.
- Reprendre le travail aux trois allures avec les longes bouclées sur l'embouchure.

SUR UN CHEMIN

- Travailler au pas avec des grandes longes en faisant obéir à la voix et à la vue du fouet.
- Demander à des aides de résister sur les traits que l'on aura prolongés avec des cordes.
- Faire guider le cheval par un aide qui le précède le tenant en longe et attacher les rallonges de traits sur la traîne.
- Ajouter les faux brancards en les attachant le long des traits.
- Travailler la traction, les arrêts et les départs, seul avec le cheval.

LA MISE À LA VOITURE

La progression à suivre pour atteler et dételer la première fois, est indiquée dans le chapitre « Atteler et dételer ».

LES RÉCOMPENSES

À tous les stades de la progression, il faut récompenser le cheval. Cela va de la parole d'encouragement à la caresse de la main ou de la monture du fouet, en passant par l'arrêt-repos. La récompense suprême restant la mise au box, au paddock ou mieux, au pré.

Récompenser avec une friandise est un acte délicat. Montrer une friandise à un cheval ou, pire encore, le provoquer en l'agitant devant ses yeux, est le meilleur moyen d'obtenir un cheval impatient, mordilleur, frappeur, gratteur. La bonne manière de donner une friandise, est de la cacher dans sa main et de l'introduire dans la bouche en caressant le museau. Le cheval associera ainsi la voix, l'odeur, la vision et le contact du bienfaiteur à l'objet de la récompense.

Le sucre n'est pas pratique, il se désagrège dans les poches, poisse et colle aux doigts ou sur l'embouchure. Les morceaux de légumes ou les rondelles de carottes n'ont pas ces inconvénients.

Les granulés distribués dans la ration quotidienne ont l'avantage d'être toujours disponibles et très appréciés.

Accoutumance à la voiture

Vous pouvez en mettre une poignée dans votre poche et en donner une pincée à chaque fois. Leur petite taille permet au cheval de les prendre sans que vous ayez à déserrer la muserolle.

LA DURÉE DES OPÉRATIONS

Qu'il s'agisse d'éduquer un jeune cheval, un cheval déjà monté, reprendre un trotteur ou un cheval mal attelé, la chronologie des actions reste immuable.

Il en va autrement de la durée des opérations. Trois jours ou trois mois au dela, rennoncez.

Il faut avancer au rythme du cheval et ne jamais lui imposer le votre, Ce n'est pas ce qui vous semble le plus évident que vous ferez accepter le plus facilement.

Inversement, des sujets considérés comme difficiles à la monte ou au box se montrent sages et coopératifs à l'attelage.

Un cheval incertain en individuel peut touver son équilibre dans l'attelage en paire ou dans l'attelage multiple.

CONTRÔLE DE LA CONDITION PSYCHOLOGIQUE

Pendant le travail, le cheval qui refuse d'accepter une friandise avec sa gourmandise habituelle et de la mâcher franchement révèle son inquiétude. Des étapes de sa préparation ont été oubliées ou franchies trop vite. Pour des raisons de sécurité, il ne faut pas poursuivre le travail sans rétablir la confiance.

LES RÉGLAGES DE L'ATTELAGE

C'est essentiellement avec des boucles métalliques et leurs ardillons, qui traversent le cuir des contre-sanglons, que l'on agit sur la longueur des différentes courroies composant le harnais. Il est indispensable de bien connaître les conséquences de ces réglages* effectués à l'arrêt, car ils trouvent leur justification dans le mouvement.

L'AJUSTAGE DE L'APPAREIL DE DIRECTION

L'embouchure d'un cheval attelé s'ajuste de la même manière que celle d'un cheval monté. Grâce à la double bouclerie du montant de bride, il est possible de modifier la hauteur de l'embouchure sans changer la position des œillères, et inversement.

Les branches du mors d'attelage comportent plusieurs passes. Selon la hauteur à laquelle on boucle la guide, on obtient un effet plus ou moins puissant pour une même action de main. Il est aussi possible de boucler les guides à une hauteur différente de chaque côté pour obtenir un effet asymétrique.

Le filet à quatre anneaux offre des possibilités différentes selon que l'on boucle les guides sur l'un ou l'autre des anneaux, ou sur les deux, ensemble.

Pour l'attelage en paire, les croisières (branches internes des guides) se raccordent sur les guides par une boucle. Les guides portent des perçages permettant de modifier la position de la boucle de croisière. En déplaçant une croisière sur une guide, on amène la tête d'un cheval à l'intérieur ou à l'extérieur de l'attelage pour rectifier sa position. En agissant sur les deux croisières, il est possible de sortir ou de rentrer les têtes des chevaux. En agissant sur une guide et une croisière, on peut limiter ou augmenter le jeu de l'encolure d'un cheval, en agissant ainsi sur sa mise en main.

Avec des guides bien conçues, le meneur pourra procéder à ces ajustements depuis le siège de la voiture.

La hauteur des œillères s'ajuste grâce à la boucle du montant d'œillère qui coulisse dans le contre-sanglon du dessus de tête. Les œillères sont jugées à leur place quand le milieu de

* Les indications données dans ce chapitre correspondent à un cheval de 1,65 m environ.

Mors Liverpool

l'œillère est légèrement plus haut que le milieu de l'œil du cheval. L'écartement des œillères par rapport à l'œil est ajusté par le contre-sanglon de la courroie d'œillère, lequel est bouclé au milieu du dessus de tête. Afin d'éviter le ballottement, il convient d'approcher les panneaux d'œillères au plus près des yeux. Il faut toutefois, veiller à ce que les cils du cheval ne soient pas repoussés sur le globe oculaire.
Le frontal ne comporte aucune possibilité de réglage. Il doit être assez long pour ne pas tirer le dessus de tête sur l'arrière des oreilles et ne pas presser le contre-sanglon de la courroie d'œillères sur le front. Un pouce de jeu, entre l'arrière de l'oreille et la lisière de la têtière, paraît raisonnable.
La sous-gorge devrait toujours être le plus ajustée possible pour justifier sa fonction : empêcher le cheval de se débrider. En pratique, le cheval étant à l'arrêt, il faut laisser au moins la hauteur d'une main entre la sous-gorge et les ganaches, pour ne pas gêner, le ramener pendant le travail. Cet écart varie avec le volume des ganaches du cheval.
La sous-gorge d'un cheval est à la bonne taille lorsque, une fois ajustée, ses boucles sont à la même hauteur que celles des montants de bride. Pour les sous-gorges des chevaux attelés en paire, on veillera à ce que les boucles des côtés extérieurs soient

Gourmette d'attelage

Bonne muserole articulée

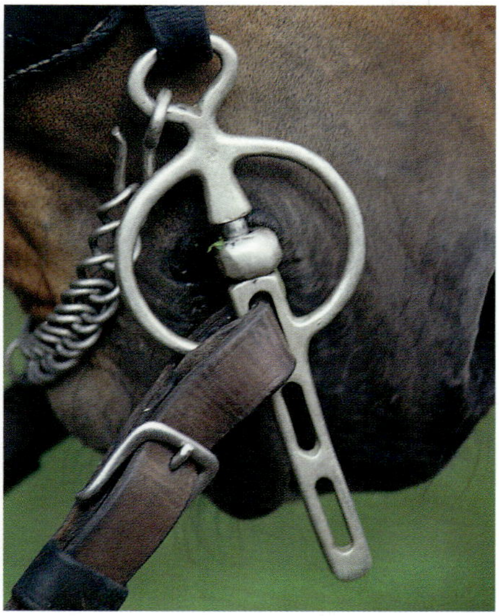

Mors d'attelage (toutes les formes de canons sont utilisées pour les mors d'attelage)

à la même hauteur que celles des montants de bride.
La muserolle n'est pas un élément décoratif. Sa fonction est d'empêcher le cheval d'ouvrir la bouche pour se soustraire à l'action de l'embouchure. Elle trouve sa place à deux doigts sous l'apophyse zygomatique et s'ajuste au contact.
Lors de la mise en service d'une nouvelle têtière, il faut d'abord régler la hauteur des œillères, puis ajuster la hauteur de l'embouchure. Placer ensuite la muserolle, puis la sous-gorge.

L'AJUSTAGE DE L'APPAREIL DE TRACTION

La hauteur de la bricole est réglée par le surcou. Elle doit être assez basse pour ne pas presser les chairs de la base du cou, et assez haute pour ne pas porter sur la pointe de l'épaule du cheval. Sa largeur est fonction du type de harnais auquel elle s'intègre.
Les traits de l'attelage à un cheval sont à la bonne longueur lorsque, pendant la traction, le bracelet de brancards ou le porte-brancards se trouve dans l'axe du panneau de la sellette.
Pour l'attelage en paire, c'est le contre-sanglon soutenant la boucle à mancelle qui, pendant la traction, doit se trouver dans l'axe du panneau du mantelet.
La longueur des traits détermine la position du cheval par rapport à la voiture. Une fois attelés, les jarrets doivent se trouver à un minimum de 40 centimètres du palonnier ou de la barre de volée. Dans le cas où l'on attelle sur une voiture ancienne à quatre roues, il faut veiller à ce que le garde-crotte, les lanternes, le marchepied ou l'aile, ne puissent toucher la croupe du cheval lors d'un tournant serré.
Les contre-sanglons des boucles à mancelles doivent être ajustés de manière à ce que les traits soient dans le prolongement des tirants d'attelles pendant la traction. Trop courts, ils provoquent une pression sur le dos du cheval. Trop longs, ils laissent flotter les traits lorsque l'attelage est à l'arrêt.
L'ajustement du collier ne peut être effectué que par le bourrelier. Il est toutefois possible d'entrouvrir légèrement le corps en l'écartant avec les bras ou le genou. Un collier trop grand peut être réduit par une matelassure, un collier trop haut, abaissé

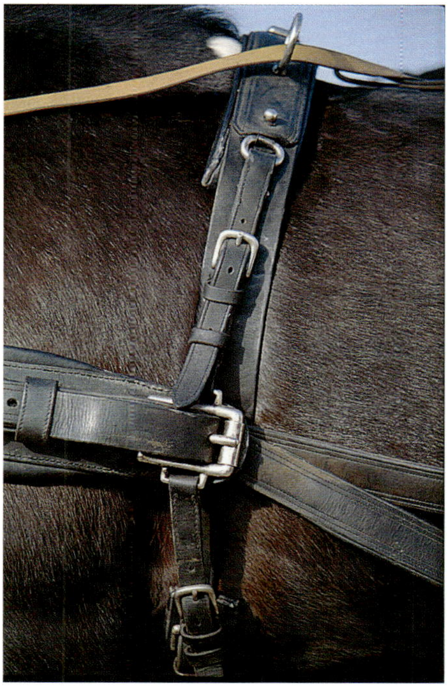

***BON AJUSTEMENT À L'ARRÊT** (lors de la traction, le contre sanglon du mantelet ou la courroie de dossière doivent venir dans l'axe du panneau)*

par un « chapeau ». Un collier trop petit ne doit pas être utilisé.
Les attelles doivent être commandées à la mesure du collier. Elles peuvent être légèrement formées pour épouser la verge au plus près, ou amener le tirage au contact du corps de collier. Le point de tirage d'une attelle doit idéalement se situer au tiers inférieur du collier. Sa position est modifiable en utilisant des coulants d'attelle de tailles différentes.
La fausse martingale relie la base du collier à la sangle. Dans le cas de l'attelage à un cheval, on laisse une main de liberté au passage entre les antérieurs. Dans le cas de l'attelage en paire sans avaloire, les fausses martingales participent au reculement et doivent être ajustées au plus près.

L'AJUSTAGE DE L'APPAREIL DE PORTAGE

La sellette doit, idéalement, se positionner une main en arrière du garrot. C'est en intervenant sur la longueur de la croupière que l'on fixe sa position.
La sangle doit être serrée au contact, au moment de garnir. Elle doit être resserrée une fois le cheval attelé, au moment où l'on boucle la sous-ventrière. La sangle doit être assez dégagée pour ne pas blesser les coudes du cheval en cas de forte action au trot.
Les bracelets de brancards et les porte-brancards sont à la bonne hauteur quand, une fois le brancard en

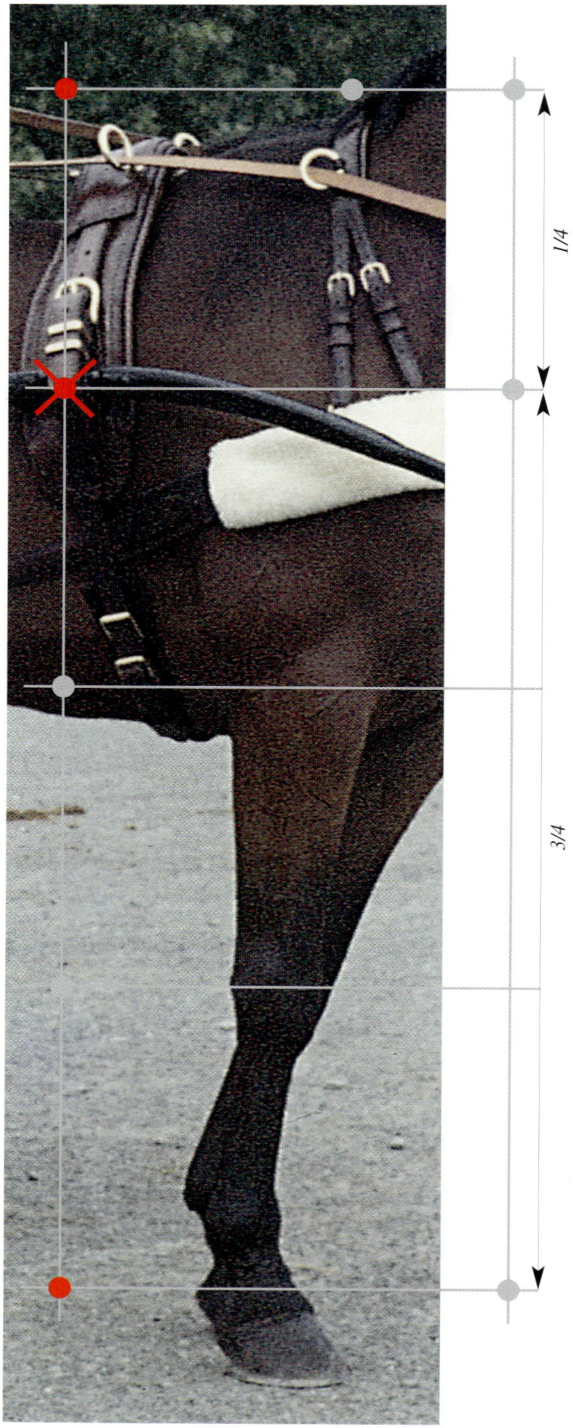

Pour que la voiture soit en équilibre, le point X doit se trouver au 3/4 de la hauteur au garrot

Courroie de retraite bouclée correctement

place, l'axe de celui-ci se trouve aux trois-quarts de la hauteur du cheval au garrot. Par exemple, cette hauteur sera de 1,20 mètre pour un cheval de 1,60 mètre.
Il faut laisser un jeu de deux doigts entre la face interne de la sous-ventrière et la face externe de la sangle.

L'AJUSTAGE DE L'APPAREIL DE RETENUE

Le bon ajustage de l'ensemble croupière et culeron est délicat. Trop court, on risque de provoquer des blessures sous la queue ou d'entraîner des ruades. Trop lâche, on risque des blessures au garrot. Pour ajuster correctement la tension de la croupière, il faut mettre en place la sellette ou le mantelet, serrer la sangle puis placer le culeron au contact sous la queue. Cela fait, tendre la dossière fermement, mais sans forcer puis relâcher de 2 trous.
L'avaloire est positionnée en hauteur par la barre de fesse. Pour un cheval de sport de taille moyenne, il se trouve à une quinzaine de centimètres sous la pointe de la fesse. Dans sa longueur, il est positionné par les courroies de retraite, lorsqu'elles sont bouclées sur les brancards, il faut pouvoir passer un poing fermé derrière chaque fesse du cheval. La barre de fesse doit passer à 5 centimètres en arrière de la pointe de la hanche.
Certaines croupières comportent plusieurs passes permettant de modifier ce réglage.
Dans le cas où l'on n'utilise pas d'avaloire, il est préférable de faire soutenir les traits par un surdos ou un porte-traits placé à 10 centimètres en avant de la pointe de la hanche.

MENER SON ATTELAGE

Après tous ces efforts et ces investissements pour concevoir un équipage, choisir le harnais, la voiture et éduquer le cheval, voici venu le moment de monter en voiture et de prendre les guides.

LA MISE EN MAIN DU CHEVAL

Les chevaux attelés et les chevaux montés obéissent à certaines règles communes concernant la mise en main et le rassemblé. Plus le cheval sera tendu et ramené sur la main, plus il sera mobile et disponible.
Un cheval normalement conformé se laissera assez facilement mettre sur la main lors qu'il est attelé. Les difficultés que rencontre un cheval monté pour s'équilibrer sous le poids du cavalier sont étrangères au cheval d'attelage. À moins qu'il ne doive tirer une lourde voiture ou vaincre l'inertie du démarrage, le cheval d'attelage se déplace à moindre effort sur terrain plat. À la voiture, le cheval devrait donc retrouver des allures proches de celles qui sont les siennes lorsqu'il est en liberté.

BUSTE, ÉPAULES, BRAS, MAINS

BONNE POSITION
(volontairement, la coiffure et la couverture ne figurent pas)

Le meneur qui souhaite pousser l'éducation du cheval d'attelage jusqu'à un bon niveau de rassemblé doit s'assurer que sa position sur le siège lui assure l'indépendance du buste. À cette fin, un coussin de guide ou un siège incliné est utilisé pour reporter le poids du corps sur les jambes tendues. Le meneur place ses pieds sur un repose-pieds ou sur la coquille de la voiture, afin de ne pas basculer vers l'avant en cas de traction du cheval sur les guides.
Comme la main du cavalier, celle du meneur doit rester fixe par rapport à la bouche du cheval et l'accompagner dans le mouvement afin de lui éviter les à-coups.
C'est la combinaison entre les mouvements du buste, des épaules, des bras et des mains du meneur, et la manière dont ils accompagnent les mouvements du cheval et répondent à ses besoin qui permettent de mener correctement.

LA TENUE DES GUIDES

Le fouet étant toujours tenu dans la main droite, les guides sont tenues dans la main gauche lors de la tenue à une main.

Tenue des guides à une main

Tenue des guides « au carré »

La guide gauche passe entre le pouce et l'index, la guide droite entre le majeur et l'annulaire.
Pour passer en tenue de guides à deux mains, la main droite vient prendre la guide droite par-dessous, afin que cette guide entre dans la main par le bas et en sorte par le haut. Le flot de la guide droite reste tenu entre le majeur et l'annulaire gauche. Cette opération se nomme « sortir le carré ».

LA TENUE ET LE MANIEMENT DU FOUET

Tout comme la cravache, le fouet véhicule une mauvaise image. Cette vilaine réputation n'est pas justifiée par l'usage que les gens de chevaux en font, mais par la mauvaise littérature populaire qui a créé l'image brutale du porteur de fouet.
Il suffit d'examiner un fouet d'attelage pour s'apercevoir de la fragilité de son manche, de la légèreté de sa monture et se convaincre qu'il est difficile de faire mal à un cheval en l'utilisant.
Le fouet s'utilise avec la main droite après avoir placé les guides dans la main gauche.
Le meneur utilise le fouet :
- dans les cas où le mouvement en avant est compromis ;
- pour porter le cheval en avant s'il refuse d'obéir à la voix ;
- pour allonger ou raccourcir l'allure ;
- pour aider le cheval à vaincre une hésitation ;
- pour mettre le cheval dans les traits ;
- pour le soutenir dans un tournant, etc.

Le fouet doit aussi s'utiliser pour rassurer le cheval et le récompenser en le caressant avec le haut du manche ou avec la monture. Bien entendu, il doit avoir été préparé à ces contacts et à leur signification lors du travail d'éducation.

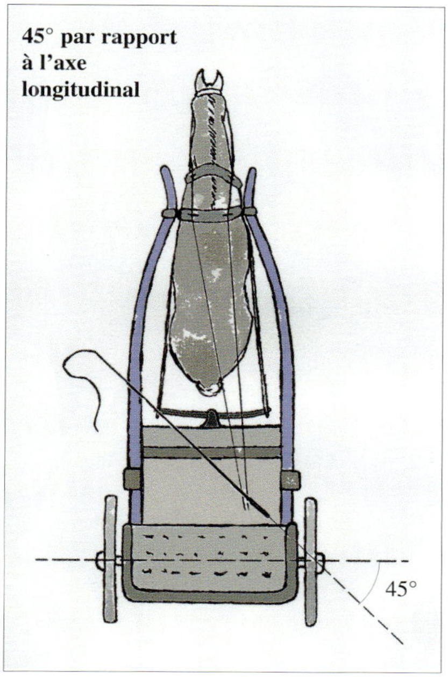

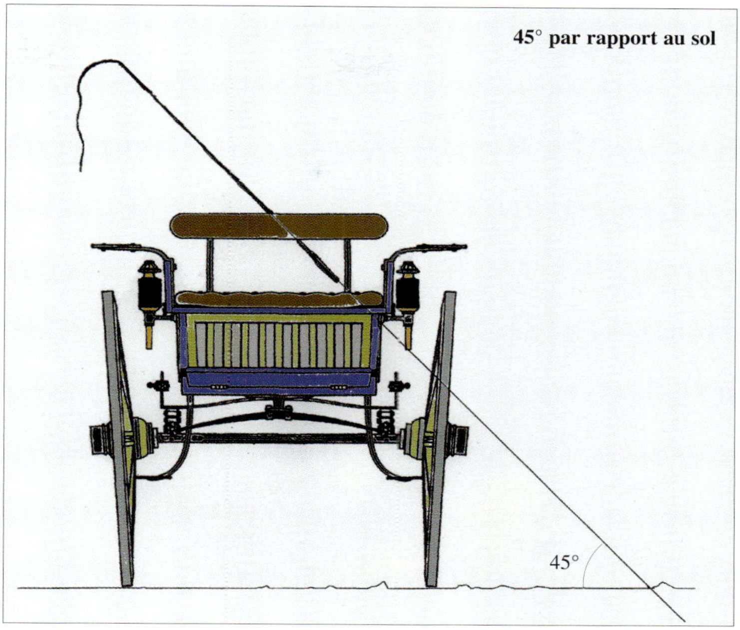

La position du fouet.

Le fouet d'attelage n'est pas un instrument de châtiment. C'est un élément de sécurité et de communication entre le cheval et le meneur.

MENER EN ROUTE

Un meneur doit être capable :
- d'obtenir de son cheval une précision suffisante pour que la voiture passe où il avait prévu de la faire passer ;
- de faire briller son cheval en le maintenant dans ses allures naturelles ;
- de ménager son cheval afin de lui faire effectuer le travail prévu avec le moins de fatigue possible ;
- de conduire son équipage avec le plus de liant possible dans les transitions et les conversions.

LE DÉPART

Selon ses capacités équestres, le degré de préparation de son cheval, l'action attendue et la topographie du lieu, le meneur demande le départ avec plus ou moins de mise en main. Le cheval « au bout des guides » est en extension maximum d'encolure. Dans cet équilibre, il arrache la charge avec sa masse. Le cheval ramené ne peut utiliser le balancier de son encolure, il décolle la charge avec la force musculaire de son arrière-main. Le meneur adroit sait doser le mélange des deux attitudes.
En tenant les guides dans la main gauche et le fouet dans la main droite, le meneur établit le contact avec la bouche du cheval et demande le départ « à la voix », le fouet n'intervenant qu'en cas de nécessité.
Le départ assuré, il est souvent

nécessaire de reprendre tout de suite les guides à deux mains pour faire face à des difficultés telles qu'un passage de porte, une sortie de propriété, etc.

Dès que le chemin est dégagé, il faut revenir à la tenue de guides à une main et marcher d'un pas régulier au moins une dizaine de minutes. Si l'équipage doit croiser ou dépasser une difficulté et si le meneur craint des hésitations chez le cheval il est préférable de pousser au trot.

Pour assurer le maintien de la relation de confiance établie avec le cheval, il faut éviter de le surprendre par de brusques exigences. Le cheval doit être prévenu des intentions du meneur, soit par la voix, soit par une reprise de guides ou par un demi-arrêt.

> Un cheval bien éduqué se porte en avant lorsqu'il sent le contact du mors et s'arrête s'il ne le sent plus.

LES MONTÉES

Les efforts déployés par un cheval dans une montée sont toujours considérables. Une montée s'aborde au pas. Il est faux, mais trop répandu, de croire qu'un bon cheval attaque les côtes au galop.

Au contraire, des chevaux mal mis, en mauvaise condition physique ou souffrants, appréhendent la douleur et veulent en finir au plus vite. L'énervement consécutif à l'apparition d'une difficulté de traction n'est jamais bon signe.

On laissera les guides le plus long possible afin que le cheval bénéficie au maximum du mouvement de balancier de l'encolure.

LES DESCENTES

Une descente s'aborde au pas. Si elle est courte et de faible déclivité, on peut laisser le cheval retenir sur l'avaloire.

Reprise de guides

Une longue descente demande au cheval un effort musculaire important. En ce cas, il faut utiliser les freins pour retenir la voiture. Qu'ils soient à main ou à pied, leur action doit être telle que les traits restent tendus et que le cheval tire légèrement la voiture.

COMMANDEMENTS NÉCESSAIRES AU MENEUR

Action souhaitée	Vocable
• Arrêter	hooo…là.
• Ne plus bouger	caaa…alm.
• Rester calme	trannn…quil.
• Pour rassurer	Iaaa…aa ou brrraa… ave.
• Venir à soi	vien…ein.
• Tourner à droite	à…droite.
• Tourner à gauche	à…gauche.
• En cas d'incertitude	de…vant.
• Pour pousser les hanches ou déplacer l'arrière-main (avec pression de la main)	tour…ner.
• Pour avancer d'1 pas	un…pas.
• Ralentir l'allure	hoooo…hoooo.
• Pour reculer	a…rière, ou a…rié.
• Aller au pas	o…pa.
• Aller au trot	o…tro ou tro…ot.
• Aller au galop	ga…lop.
• Prendre le pied	do…né ou le…pied.
• Pour récompenser	céé…bien.
• Pour partir ou avancer	a…lé ou ti…ré.

L'USAGE DE LA VOIX

La voix reste le moyen à privilégier pour communiquer à distance avec le cheval. Pour que les commandements lui soient intelligibles, il est préférable qu'ils soient bi-syllabiques. La première syllabe mobilise l'attention du cheval, la seconde lui précise la demande.

Pour bien communiquer avec le cheval il faut :

1. l'impliquer en l'interpellant par le vocable bi-syllabique sous lequel il se reconnaît, qui n'est pas forcément celui porté sur son livret signalétique ;
2. commander une action sur le mode bi-syllabique.

Ainsi on ne devra pas dire :

« JO-LLY-JUM-PER-A-VAN-CE »

mais :

« Jo-li »… « A - LÉ »

Ceci avec les variations de ton voulues afin que l'action s'amorce dans l'état d'esprit attendu.

L'apprentissage d'une nouvelle action doit s'accompagner de l'acquisition du vocable correspondant.

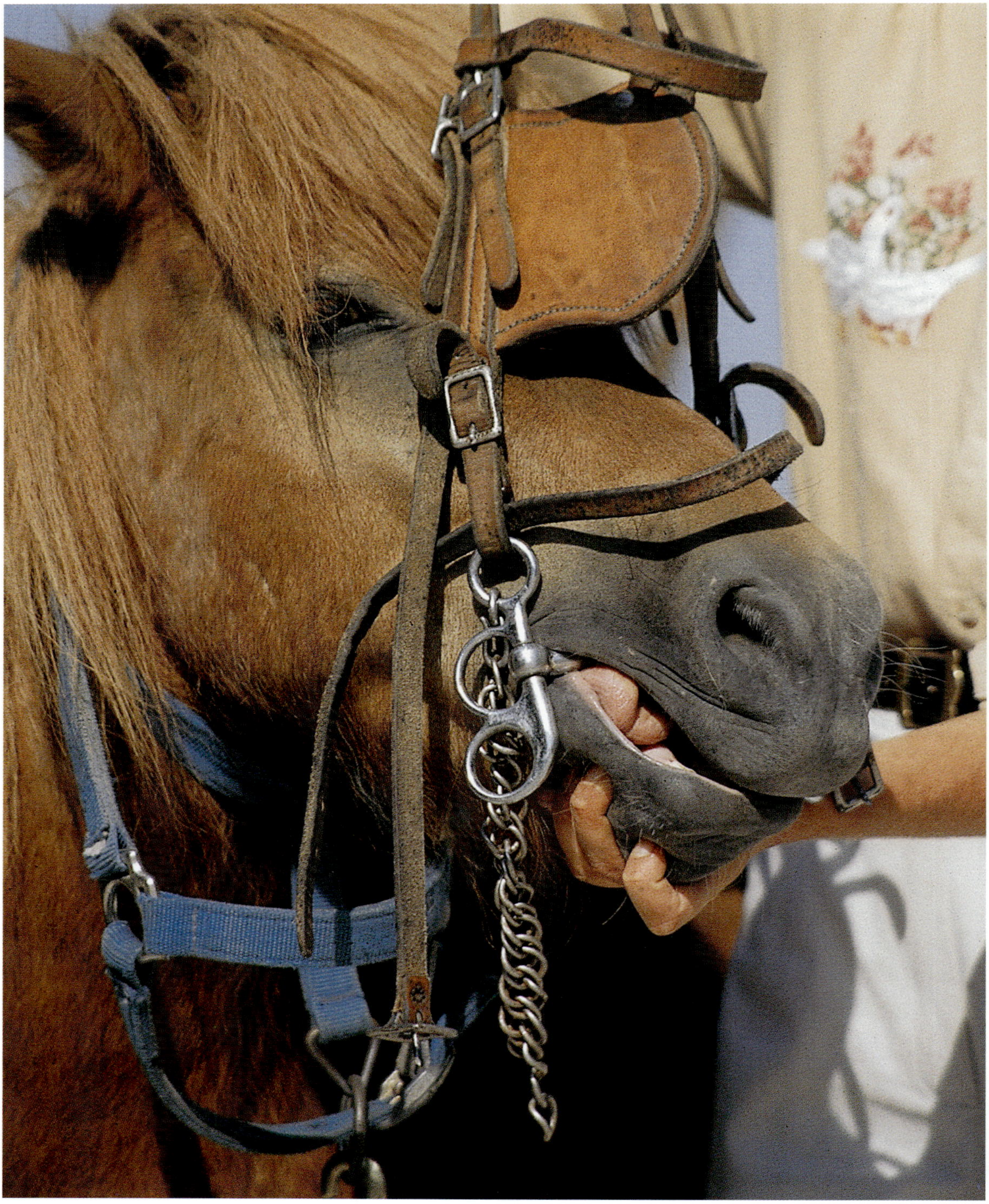

ATTELER ET DÉTELER

Clé de cocarde

Clé de sellette

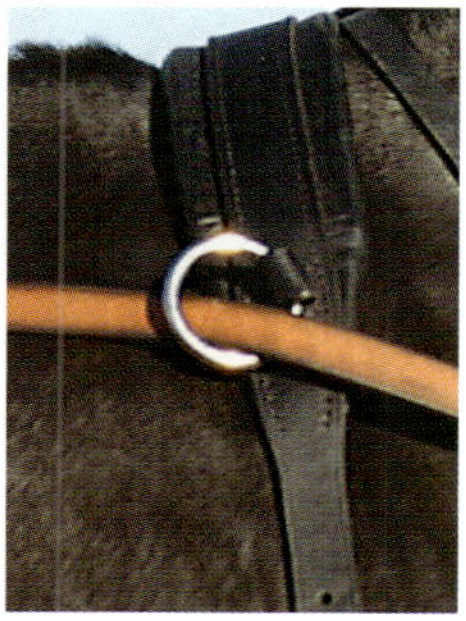

Clé de surcou

La mise en place de l'embouchure doit se faire avec délicatesse

Pour atteler, il faut enchaîner une série d'actions dans un ordre logique. Le respect des étapes de ce rituel est garant de la sécurité des personnes, du cheval et du matériel. Pour dételer, ces opérations s'effectuent, pour les mêmes raisons, dans l'ordre inverse.

GARNIR LA VOITURE

La première opération consiste à « garnir » la voiture. Cela signifie que l'on va équiper le véhicule et placer à bord tout ce qui va être emporté.
Si ce n'est déjà fait, il faut installer les brancards ou le timon, les palonniers, le matériel de rechange, sans oublier de placer le fouet dans la crapaudine.
On fixe ensuite les accessoires tels que le coussin de guides, les sièges et les coussins, les lanternes et les feux.
On place dans les coffres le matériel de secours, les bagages et les effets des passagers.
On place sur le siège : les gants de menage, la coiffure et, éventuellement, la couverture de menage.

DÉTENDRE LE CHEVAL

Même si tout va bien, il peut s'avérer judicieux de travailler à la longe une dizaine de minutes avant d'atteler afin de détendre le cheval et de s'assurer sa participation, par fois difficile à obtenir en attelant directement. Le meneur confronté à des difficultés qu'il ne sait résoudre devrait essayer.

GARNIR LE CHEVAL

Afin de lui libérer la tête, on met le cheval à l'attache en passant le licol autour de son cou, ou on utilise un collier d'attache. Le mors étant la pièce de harnachement la plus troublante pour le cheval, il est judicieux d'installer la têtière en premier (sauf dans le cas ou l'on attelle avec un collier). On ajuste la sous-gorge sans boucler la muserolle pour laisser le cheval goûter son mors.
On place la sellette et on dispose le reculement sur la croupe, puis on revient serrer la sangle au contact. On met délicatement le culeron en place et on passe le doigt entre peau et poil pour vérifier qu'aucun crin n'est resté pris.
Les courroies de retraite doivent être provisoirement raccourcies, afin que le cheval ne pose pas le pied sur les extrémités pendant son déplacement vers la voiture.

Pour placer la bricole, on vient sur la droite du cheval et on pose le trait de droite sur son dos. On passe le surcou sur l'encolure et on applique le blanchet de la bricole sur le poitrail.
En passant sous l'encolure, on reprend le surcou et on le boucle à la bricole. On place le trait gauche (que l'on a gardé sur l'avant-bras) sur le dos du cheval.
On termine en passant les guides dans les clés de sellette et de surcou et en les bouclant sur l'embouchure. Il reste à boucler la muserolle, à resserrer la sangle et accrocher la gourmette.

Un cheval garni doit être mis sans attente à la voiture. Laissé attaché sans surveillance, il se livrerait à quelques facéties classiques telles que : frotter les œillères ou la muserolle le contre le mur, mâchouiller sa guide, se retourner et que sais-je encore, tant en ce domaine l'imagination de nos chers chevaux est sans limites.

L'APPROCHE DE LA VOITURE

La voiture est placée sur un sol de préférence dur, en appui sur sa quille ; elle est orientée dans la bonne direction afin d'aider à prendre un départ le plus franc possible.
Le cheval en main, on vient perpendiculairement à l'axe de la voiture jusqu'à ce que la sellette soit au niveau de l'extrémité des brancards. Là, on stoppe et on demande au cheval de pivoter vers l'avant.

LA MISE À LA VOITURE

Le cheval étant placé sous les brancards, il faut disposer le harnais pour recevoir la voiture.
On dégage les guides et on les dispose en un « S » lâche sur le dos du cheval de manière à pouvoir les saisir, au besoin, sur le flanc du côté ou l'on se trouve. On dégage les traits et on les passe dans l'avaloire ou dans le porte-traits. On réajuste la sangle.

Trait et courroie de retraite en attente

On prend les guides et on en place le flot sur le cou du meneur. On va prendre le brancard de gauche et on amène la voiture au cheval. À force d'expérience, il place lui-même sa croupe en sentant le contact des brancards. On engage l'extrémité du brancard dans le bracelet de brancard et on replace les guides en « S », sur le dos du cheval, par dessus les brancards.

En passant devant le cheval, on va alors engager le brancard de droite dans son bracelet. On boucle la sous-ventrière en saisissant le trait au passage puis, revenant à gauche, on ajuste la sous-ventrière à son bouclage définitif, sans oublier de prendre le trait. Le moment le plus délicat est passé.

On va attacher le trait de droite et la courroie de retraite, puis on revient à gauche boucler le trait et la courroie de retraite. Le cheval est attelé.

Monter en voiture

MONTER EN VOITURE

Monter à bord est une opération qui s'apparente à monter à cheval. Le marchepied de la voiture remplit la même fonction que l'étrier. On prend les guides dans la main gauche et on les laisse filer jusqu'à ce que cette main vienne sur la poignée du garde-crotte. On place la main droite sur la poignée du siège et le pied sur le marche pied. Il reste à monter à bord. Debout, le meneur met sa couverture, ses gants de menage, sa coiffure et s'installe sur le siège. Il ajuste les guides et prend le fouet.

Une fois l'attelage sous contrôle, il demande aux passagers de prendre place à bord, et à l'éventuel équipier de les suivre.

LE RETOUR

Au retour, l'arrêt obtenu, on attend que le cheval donne sa descente d'encolure avant de faire descendre l'aide.

Lorsque celui-ci contrôle le cheval, on commande la descente des passagers. Une fois ceux-ci à terre, on pose

le fouet, on ôte les gants, la couverture et la coiffure. Si l'on est seul, on descend en contrôlant les guides.
On dételle dans l'ordre inverse où l'on avait attelé.
On amène le cheval à l'attache et on dégarnit dans l'ordre inverse de celui ou l'on avait garni.

Prêt à atteler

CHRONOLOGIE DES OPÉRATIONS DE MISE À LA VOITURE

- Pansage
- Détente en longe si nécessaire
- Garnissage et mise en place de la voiture
- Garnissage du cheval
- Attelage du cheval
- Le meneur prend les guides et monte à bord
- Le meneur met sa couverture
- Le meneur s'assied sur le coussin de guides
- Le meneur met ses gants
- Le meneur prend le fouet
- Le meneur ajuste les guides
- Le meneur demande aux passagers de prendre place
- Le meneur demande à l'équipier de prendre place
- Le meneur demande le départ

Au retour

- Le meneur demande l'arrêt
- Le meneur demande à l'équipier de contrôler le cheval
- Le meneur demande aux passagers de descendre
- Le meneur pose le fouet
- Le meneur enlève ses gants
- Le meneur enlève sa couverture
- Le meneur descend de voiture
- On dételle le cheval
- On dégarnit le cheval
- On rentre tout de suite le cheval au box
- On dégarnit, on nettoie et on range la voiture
- On range le harnais
- On retourne s'occuper du cheval

PARIS

L'ENTRETIEN DU MATÉRIEL

L'attelage est injustement considéré comme une activité coûteuse. Certes, l'achat d'une voiture et d'un harnais représente une immobilisation de capital, mais un matériel bien entretenu conserve sa valeur et se transmet sur plusieurs générations. De plus, le bon entretien du matériel est la base de la sécurité.

En haut :
clé de voiture ;
au milieu :
fusée de l'essieu ;
en bas, de gauche à droite :
bouchon réservoir, goupille, bague, écrou, contre-écrou

L'ENTRETIEN DU HARNAIS

Les harnais en cuir gras (harnais de travail, loisir, terrain) peuvent se laver sans hésiter. Les cuirs nourris lors du tannage ne craignent pas l'eau. Attention de ne pas rayer les surfaces avec les petits graviers qui pourraient se prendre dans les pores de l'éponge.
On passe ensuite le harnais au savon glycériné. L'idéal est de ne pas le rincer, mais de le laisser sécher ainsi. On le frotte ensuite avec un chiffon pour enlever l'excédent de savon et le faire briller.
Les harnais en cuir anglais peuvent se laver avec mesure. On les passe au savon glycériné et on les laisse sécher. On peut éventuellement passer une couche de cirage de la couleur du cuir.
Les parties de harnais en cuir verni ne doivent pas être mouillées. Il faut uniquement les frotter à la peau de chamois pour les faire briller.
Les harnais composés de sangles de nylon se lavent à l'eau et au savon naturel.
Les matelassures (blanchet de bricole, matelassures de la sellette et du mantelet, mamelles du collier) sont sévèrement agressées par la sueur du cheval. Dans la mesure du possible, mieux vaut les protéger par des pads ou des fourreaux en peau de mouton. À défaut, qu'elles soient en basane ou en textile, il faut bien les laver. On passe ensuite un produit nourrissant si elles sont en cuir. Si les bricoles et les culerons sont en porte-feuille, il ne faut pas oublier de les ouvrir pour les nettoyer. Les culerons remplis de graines de lin ne se graissent pas les premières années car les graines nourrissent le cuir de l'intérieur.
Chaque trimestre, ou plus souvent en cas d'usage intensif, il faut démonter toutes les pièces du harnais pour les graisser.
L'huile de pied de bœuf est à réserver aux cuirs anciens et épais. Pour les

harnais en cuir fin, on utilisera une crème fine et nourrissante. On attendra vingt-quatre heures avant d'ôter l'excédent et de lustrer avec un chiffon propre et non pelucheux.
Les guides peuvent être graissés, sauf la partie de « la main de guides », qui se lave au savon glycériné.
La bouclerie jaune se ravive avec un produit ménager destiné à l'entretien des cuivres (attention de ne pas tacher les cuirs). Il est aussi possible de « faire les cuivres » à la machine en installant dans le mandrin d'une perceuse une brosse rotative nourrie de pâte à polir pour cuivre. Ces produits sont en vente chez tous les quincailliers.
La bouclerie blanche ne requiert en principe aucun entretien. Il suffit de la nettoyer à l'eau et de sécher la partie située sous le cuir, ainsi que la base de l'ardillon.
À l'occasion du nettoyage, on inspecte les coutures et les points de fatigue (ardillons, contre-sanglon, etc.) afin d'effectuer les réparations requises avant la prochaine attelée.

LES SALISSURES DE LA VOITURE

Ce sont essentiellement de la poussière et des projections de boue. On rince au jet d'eau le plus tôt possible en faisant attention à l'effet abrasif que peuvent avoir les graviers sur la peinture. Le nettoyeur à pression est un outil efficace mais impitoyable pour les peintures fragiles.
On procède comme pour les carrosseries d'automobile, et avec les mêmes produits. L'emploi de certaines cires en aérosol destinées à faire briller les meubles est à éviter, car elles peuvent tacher la peinture.

L'ENTRETIEN DE LA VOITURE

Les parties mobiles ou frottantes des voitures de conception traditionnelle doivent faire l'objet d'une surveillance attentive. Il faut graisser discrètement à l'articulation du palonnier, des brancards, des boulons de tête des essieux à pincettes, aux jumelles sur les ressorts droits et aux menottes sur les ressorts multiples. On n'oubliera pas de lubrifier les axes des éventuels accessoires (marchepieds pliants, portières, capote, etc.). Dans le cas d'une voiture à quatre roues, il faut apporter un soin particulier à la lubrification de l'avant-train, qui pivote autour d'un axe appelé « cheville ouvrière ». Pour ne pas fatiguer cette pièce essentielle, le frottement ne s'exerce pas sur elle. On veillera néanmoins à son intégrité et à la lubrification des bagues qui la protègent.
L'usure des jantes des ronds de la sellette est à surveiller. En cas de restauration, il est envisageable de les remplacer par des plaquettes de téflon. On évitera ainsi d'avoir à les graisser.
Il faut aussi graisser la tringlerie de freinage ; c'est là une bonne occasion de vérifier l'état des patins de freins.
Les boîtes de roulement doivent être régulièrement nettoyées et graissées quel que soit le type d'essieu.
Pour effectuer cette opération proprement, il faut se munir d'une cuvette

en matière plastique dans laquelle on aura versé du pétrole, et d'un pinceau. On place dans la cuvette toutes les pièces démontées, ce qui évite de les perdre ou de les souiller et permet de les nettoyer facilement et complètement.

L'entretien des voitures de conception moderne exige que l'on surveille les mêmes points que sur les voitures traditionnelles, plus les aménagements qui leurs sont particuliers. Le graissage est facilité par l'installation, sur les axes, de boulons munis de graisseurs qui rendent indispensable l'usage d'une pompe à graisse. Les voitures à quatre roues de conception moderne ont généralement un avant-train articulé sur un collier à billes indémontable et muni de graisseurs.

Le freinage des voitures de conception moderne est assuré par des tambours ou des disques empruntés à l'automobile. L'entretien est identique.

CHRONOLOGIE DES OPÉRATIONS D'ENTRETIEN POUR LES BOÎTES DE ROULEMENT

- Dévisser l'écrou, le bouchon-réservoir ou le cache de protection.
- Mettre les pièces dans la cuvette (goupille, contre écrou, écrou, etc.).
- Jeter la vieille huile ou enlever la vieille graisse.
- Lever la voiture et sortir la roue.
- Retirer la bague et la rondelle.
- Placer la cuvette sous la fusée, nettoyer le corps, les filetages, le trou de la goupille, la rainure.
- Coucher la roue sur la cuvette pour nettoyer la boîte en réalisant cette opération sur les deux faces.
- Passer de l'huile ou de la graisse avec le pinceau sur la fusée.
- Remonter la roue.
- Faire tourner la roue, serrer jusqu'au blocage puis revenir en arrière d'un quart de tour.
- Revisser le bouchon réservoir.
- Reposer la voiture au sol.

Simple et pratique

LE RANGEMENT DU MATÉRIEL

Pour conserver toute leur valeur aux opérations d'entretien, le matériel doit être rangé de manière appropriée, et dans des endroits spécialement aménagés. Les harnais se placent sur un porte-harnais, dans une sellerie. Les voitures se rangent dans une remise. Poussant le raffinement, certains meneurs organisent leurs locaux afin de disposer d'une sellerie et d'une remise de présentation.

LE RANGEMENT DU HARNAIS

Le harnais se range comme une selle. Il faut éviter de le placer dans une pièce trop chauffée pour ne pas dessécher les cuirs. Dans une atmosphère trop humide, les boucles sont attaquées par l'oxydation et les cuirs se couvrent d'une moisissure vert-de gris qui, avec le temps, en altère la surface.

Afin de garder les cuirs en forme et ne pas les marquer, il convient de poser le harnais sur un porte-harnais ou un porte-selle.

Il faut aussi le préserver de l'humidité du mur en fixant le porte-harnais sur un panneau de planches, de contre-plaqué ou d'isolant polyester. Laisser entre le panneau et le mur un vide d'air de quelques centimètres.

LE REMISAGE DES VOITURES

Les voitures de conception traditionnelle ne supportent pas d'être remisées dans des garages. Ces locaux sont trop chauffés et trop secs. Pour rester vivant, le bois doit garder un taux raisonnable d'hygrométrie. Les raies, le moyeu et les jantes trop sèches prennent du jeu ; la roue se disjoint et se brise. Les panneaux de la caisse peuvent également se rétracter ou se fendre.

À défaut de posséder un local convenablement ventilé, une voiture peut se garder sous un abri en plein air, à condition que le sol soit bétonné.

Recouvrir une voiture d'une bâche en plastique pour la protéger de la poussière n'est pas recommandé. Le plastique enferme l'humidité. L'usage d'un tissu en fibres végétales est préférable.

La capote d'une voiture ne doit pas se remiser rabattue, afin de ne pas marquer le cuir. Il faut la déplier sans tendre les compas, afin de lui garder de la tenue lorsqu'elle sera en service.
La voiture de conception moderne est conçue comme une automobile. Elle ne craint pas le garage. Parfois, le métal a été spécialement traité contre la corrosion :
- soit par une application de paillettes de métaux non oxydables pulvérisées à chaud;
- soit par une application de produits liquides.

Un simple abri peut suffire à la protéger.
Une voiture à deux roues ne se pose jamais sur ses brancards, cela les déforme. On risque également de les briser en roulant dessus, ou de se prendre les pieds dedans. La voiture doit être posée sur sa quille. C'est ainsi qu'elle prend le moins de place. En aucun cas on ne laissera les enfants jouer dans une voiture à deux roues, qui peut basculer trop facilement. Attention aussi aux chats, qui ont parfois la bonne idée de grimper en haut des brancards pour fuir un chien, ce qui la fait basculer. Par sécurité, on peut la caler avec une planche placée sous le palonnier ou sous le marchepied.
Si la voiture n'a pas de quille, placer un tréteau sous les brancards.
Les brancards d'une voiture à quatre roues, bien conçue, se relèvent de part et d'autre du garde-crotte et tiennent en place sans qu'il faille les attacher.
Pour remiser une voiture à quatre roues, équipée pour l'attelage en paire, il faut enlever le timon afin de réduire l'encombrement et ne pas fatiguer l'avant-train. À défaut, on peut placer un support sous l'extrémité du timon pour le soutenir. Il est possible de réduire l'encombrement d'une voiture à quatre roues sans enlever le timon en le tournant à 90°, si la disposition des lieux le permet. Il faut néanmoins en soutenir l'extrémité.

Placer la voiture en attente sur sa quille ou sur un tréteau (ne jamais poser les brancards à terre).

Le rangement des fouets

Le fouet est un instrument à manier avec prudence. Il est dangereux et en danger hors des trois seuls endroits autorisés :
- la main du meneur ;
- la crapaudine de la voiture ;
- le porte-fouet de la sellerie.

À tout autre endroit, il peut tomber entre les roues et se briser, ou pire, frapper intempestivement la croupe des chevaux.

Pour être beau et efficace, un fouet doit garder sa forme. À cette fin, il faut le suspendre.

Un fouet noué se suspend à un crochet. Un fouet à col de cygne se place sur un support rond en bois tourné, muni d'une gorge pour en retenir la monture.

Le remisage de longue durée

Après un nettoyage méticuleux, couvrir la voiture d'un tissu. Si les roues sont en bois à bandage métallique, intercaler entre le sol et le bandage une cale de bois épaisse afin d'éviter les remontées d'humidité par capillarité.

Si le bandage est en caoutchouc ancien, il est préférable de mettre l'essieu sur cale : le bandage se déformerait sous le poids de la voiture. Avec un bandage en caoutchouc neuf, les risques sont moindres.

On peut talquer les bandages de caoutchouc, pour les conserver, mais jamais les graisser.

Ressort de sécurité pour ce palonnier

RAPPEL DE QUELQUES NOTIONS DE SÉCURITÉ

Mener un attelage ne s'improvise pas. Seul maître à bord, le meneur assure une responsabilité comparable à celle du capitaine sur son bateau, plus étendue que celle du cavalier : plusieurs chevaux peuvent s'assujettir à ses guides, et la voiture transporter des personnes d'âge et de condition physique variables. La tragédie du versement étant au meneur ce que le naufrage est au marin, il convient de garder à l'esprit qu'un attelage est une chaîne qui n'a de force que le plus faible de ses quatre maillons : le meneur, le cheval, la voiture, le harnais.

LES RELATIONS AVEC LE CHEVAL

Bien entendu, le cheval est bien éduqué, car la progression que nous avons indiquée a été rigoureusement suivie. Si le cheval a été acquis déjà attelé, la prudence veut que toutes les étapes de sa préparation soient reprises afin de vérifier que rien n'a été omis ou mal accepté.

Le galop aux deux mains devra être maîtrisé, même si on n'envisage que de se promener paisiblement au pas. Le galop attelé n'est pas l'apanage des adeptes de la compétition. Tant que le meneur garde le contrôle des événements, il décide des allures. Si le cheval prend le commandement, c'est le galop qu'il impose à l'équipage. Il sera alors trop tard pour lui faire savoir que cela n'était pas prévu.

Le cheval est un animal sensible et particulièrement émotif. L'inconnu le trouble toujours, il faut le protéger des débordements affectifs des personnes étrangères.

La meilleure aide que puissent apporter les personnes qui vont accompagner un meneur, est de se tenir à l'écart jusqu'à ce que l'attelage soit prêt. Déjà inquiété par des présences et des voix inconnues, le cheval le serait plus encore si l'on perturbait le rituel du garnissage et de la mise à la voiture.

LES RELATIONS AVEC LE HARNAIS

Le harnais a été vérifié lors du dernier nettoyage. Il doit être neuf ou de fabrication récente, adapté au cheval et d'un modèle correspondant à l'usage prévu. Il est excessif d'atteler un road-car avec un collier de trait. Atteler un break de chasse avec un harnais de sulky est dangereusement insuffisant.

L'usage d'un mousqueton de sécurité permettant de décrocher facilement les traits est recommandé. Dans le cas de l'attelage en paire, il est utile d'en placer un autre entre la chaînette et le crapaud de timon.

Si le harnais est moins récent, vérifier les points suivants :

- les coutures ;
- l'intégrité des contre-sanglons aux endroits où ils frottent sur les rouleaux des boucles et aux endroits où ils sont traversés par les ardillons ;
- la solidité et la bonne fixation des clés de passage de guides ;
- l'intégrité de la courroie de dossière, qui doit être sortie de son logement à chaque démontage du harnais ;
- la solidité de la chape de croupière et la qualité de sa fixation sur l'arçon de la sellette. Cette pièce subit de fortes contraintes, et sa rupture laisse tomber l'avaloire sur les jarrets du cheval. En cas de doute, passer dedans une courroie d'éperon bouclée autour de l'arçon ;
- l'embouchure : l'usure entre le canon et les branches ou les anneaux de filets, est visible à l'œil nu. Si le canon est en caoutchouc ou gainé de cuir, attention : l'humidité y stagne et la corrosion par la salive est rapide.

LES RELATIONS AVEC LA VOITURE

La voiture aussi est de conception récente. Les voitures anciennes ont un charme inégalable, et rien n'est plus romantique que le bruit d'un bandage métallique sur un chemin

Boucletau de trait avec courroie de sécurité

Porte-guides

pierreux. Toutefois, même si elles ont été gardées dans de bonnes conditions et semblent en bon état, les voitures anciennes doivent être utilisées avec prudence.

Excluons de cette réserve les véhicules ayant subi une totale réfection, opération longue et coûteuse qui ne peut être menée à bien que par de véritables spécialistes.

Dans le cas ou l'on attelle une voiture ancienne avec des brancards en bois, il est indispensable qu'ils soient neufs. À défaut, il faut les remplacer par des brancards métalliques, certes disgracieux, mais fiables.

Dans le cas d'une voiture ancienne à quatre roues, attelée en paire, le timon et les palonniers doivent être remplacés s'ils sont en bois ancien.

Les anciennes roues en bois doivent faire l'objet d'une surveillance toute particulière : il s'agit de vérifier si elles tournent rond, s'il y a du jeu à la jointure des raies et du moyeu en cas de pression horizontale sur la partie supérieure de la jante. Les roues doivent sonner « clair » lorsqu'on les fait rebondir sur une surface dure après les avoir extraites de la fusée.

Enfin, il convient de s'assurer de n'avoir oublié aucune pièce lors du remontage, d'avoir serré les écrous et de n'avoir pas négligé la lubrification.

Les boulons assemblant les parties métalliques et les parties en bois des caisses de voitures anciennes doivent faire l'objet d'une attention particulière. La corrosion a fait son œuvre, attaquant le filet de la vis et celui de l'écrou. Il est difficile de maintenir serré un tel ensemble. Dans le cas de vis à bois anciennes, le filet est corrodé et l'oxydation a probablement attaqué le bois.

L'articulation d'un palonnier métallique est également vulnérable. Après démontage, vérifier si le trou n'est pas trop ovalisé ou le boulon-pivot pas trop entamé.

Il est également nécessaire de veiller à l'usure des boulons passant dans les yeux de la lame maîtresse des ressorts.

Les voitures anciennes dites à pincettes sont particulièrement fragiles au niveau de l'attache du ressort sur la caisse. Une bonne précaution consiste à passer une courroie de cuir à l'avant du ressort afin de le rattacher à la caisse.

Le train-avant d'une voiture à quatre roues est fragile. Veiller à l'état de la cheville ouvrière, de son écrou, de sa goupille, ainsi qu'à l'état des patins de la sellette du train-avant. La bonne tenue du têtard de timon dans la douille de sellette est capitale ; ne pas oublier de vérifier la fixité de cet assemblage.

Le matériel roulant de conception moderne présente toutes les garanties de sécurité car il a, chez les bons constructeurs, bénéficié de l'expérience de la compétition. Ceci ne nous dispense pas des vérifications usuelles et d'un entretien constant. Il convient d'examiner les soudures à leurs jointures avec les tubes, où l'on ne doit pas discerner la moindre craquelure.

Pour surveiller les roulements à billes des essieux de conception moderne, il faut lever fréquemment les roues et les faire tourner. Si des résistances intermittentes se font sentir, les roulements doivent être changés sans attendre.

Sur les voitures anciennes, le freinage est produit par la pression d'un patin de fer, de bois ou de caoutchouc, sur le bandage de la roue. Ce type de freins s'actionne par l'action de la main droite sur un levier, un volant ou une manivelle. Les patins doivent avoir une garde d'usure suffisante pour répondre aux exigences du parcours prévu. Un mécanisme graissé régulièrement se meut rapide ment et efficacement.

Sur les voitures de conception moderne, le système de freinage est issu de l'industrie automobile. Il faut donc l'entretenir de la même manière, changer les plaquettes, renouveler le liquide et purger le circuit. On actionne ce type de freins par pression du pied sur une pédale. Sur certains modèles, une valve permet de maintenir le circuit de freinage sous pression, et remplit la fonction de frein à main.

Il est illusoire de penser que les freins d'une voiture hippomobile peuvent arrêter un cheval emballé. Les freins servent à :

- garder les chevaux sur des traits tendus dans les descentes ;
- « mettre de la traction » sur les épaules d'un cheval qui tire afin d'épargner sa bouche ;
- « passer des demi-arrêts » sans solliciter le dos du cheval.

Cuir doublé de nylon

Mousqueton de sécurité à tirette

Frein actionné normalement

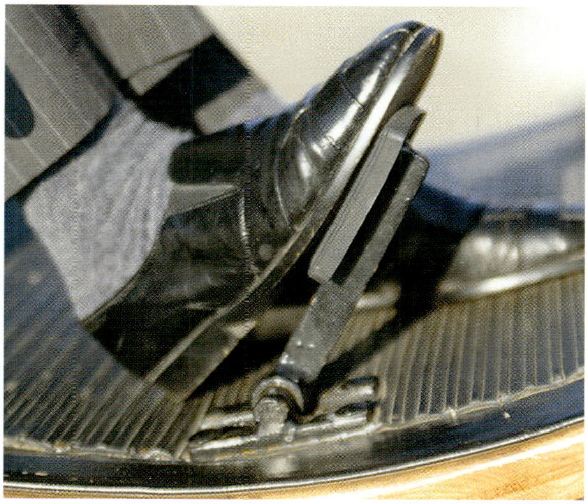

Frein actionné au pied

Des freins bien réglés doivent agir progressivement sans bloquer les roues, surtout si on évolue sur terrain glissant.

POUR VOYAGER LOIN

Rappelons qu'il faut avant tout garnir la voiture et que tout le matériel et les éléments nécessaires à la sécurité doivent se trouver à bord avant d'y atteler le cheval.
Le meneur devra trouver le fouet à sa place dans la crapaudine et ses gants sur le siège. Les coffres contiendront le fouet de rechange, les gants de rechange qui seront en cuir ou en tricot.
En cas de pluie, des gants de caoutchouc ou une main de guides gainées de caoutchouc peuvent s'avérer utiles.
Ne pas oublier l'indispensable couteau à usage multiple, qui ne peut être que suisse.
Une petite trompette est utile pour signaler votre présence.
Les passagers doivent disposer de marchepieds et de poignées pour monter à bord.
Les sièges et les coussins doivent être fixés, de même que les bagages et les accessoires.
Ne pas oublier d'emporter : une hippo-sandale ou une trousse à ferrer, un seau et une éponge, un licol et une longe, une petite pharmacie, un pad de peau de mouton qui pourra être découpé pour isoler un éventuel point de frottement ou de compression, des guêtres et des cloches.
Placer les protections en cas de nécessité pour éviter les abrasions (atteintes, manœuvres délicates, chemins à ornières profondes).
Peuvent s'ajouter au matériel de base : une carte de téléphone (mieux encore, un téléphone portable), de la monnaie, un manuel de premiers soins avec, sur la page de garde, le

À gauche : têtes de fouet (de gauche à droite : fouet col de cygne, fouet noué, fouet avec mousqueton à touret)

Ci-contre : fouets (de gauche à droite : épine à col de cygne, fouet noué de type hongrois, fouet de type chambrière avec mousqueton à touret)

numéro de téléphone du vétérinaire.

Pour le service de la voiture, on peut ajouter quelques outils : une pince coupante, du fil de fer, une machette, un système d'éclairage si l'on prévoit de rouler de nuit.

Bien qu'une couture ne saurait lâcher par surprise, il est prudent d'emporter une bobine de fil à coudre et des aiguilles.

Pour les soins à la halte, une éponge est indispensable pour laver les parties de cuir en contact avec le poil ainsi que le mors.

Pour une sortie de plusieurs jours, prévoir également un produit d'entretien pour le harnais.

Enfin, ne pas oublier une grande longe qui peut renforcer ou remplacer provisoirement toutes les parties du harnais.

LE MENEUR ET SES COMPAGNONS DE ROUTE

Pour des raisons évidentes de sécurité, le meneur est le premier à monter en voiture, guides en main, et le dernier à en descendre. Il lui appartient d'attribuer les places à bord et aussi de décider du moment où les passagers doivent monter ou descendre.

S'il a le bonheur d'être accompagné d'une personne expérimentée, il lui demandera de se placer à la tête du cheval. Cette personne doit être la dernière à monter à bord. Elle se placera soit sur la gauche du siège avant, soit la dernière à l'arrière gauche, afin de pouvoir descendre rapidement si elle doit intervenir à la demande du meneur.

Le meneur doit prévenir clairement l'aide de ses intentions lorsqu'il décide de demander le départ.

Le calme en toutes circonstances

En route

ATTELAGE ET ASSURANCE

Bien qu'il ne soit pas encore obligatoire d'apposer une vignette sur le garde-crotte d'une voiture hippomobile, seul un inconscient prendrait les guides d'un attelage sans être assuré. Mais que faut-il assurer, comment et auprès de qui le faire correctement ?

La pratique de l'attelage est relativement récente et, comme tout ce qui touche à cette activité, déconcertante pour les milieux institutionnels de l'équitation. À l'heure actuelle, il semble qu'aucun spécialiste des assurances n'ait consulté un meneur bien informé des nécessités et des particularités de l'attelage pour mettre au point un contrat complet et réaliste.

Les propositions faites aux meneurs ne sont trop souvent que l'ajout d'une « option attelage » dans un contrat conçu pour l'équitation montée.

Il faut être particulièrement attentif aux termes des contrats et, au besoin, s'adresser à plusieurs sources pour se couvrir en totalité.

OÙ S'ASSURER ? AUPRÈS DE QUI S'ASSURER ?

On peut demander à un courtier « généraliste » de faire évaluer le risque par sa compagnie, et de rédiger une proposition de contrat. Il se peut toutefois que le monde du cheval, et plus encore celui de l'attelage, lui soit étranger, ce qui obligera à de longues et fastidieuses explications.

Les cabinets de couffage spécialisés proposent des contrats « équitation » qu'ils ont fait agréer par une compagnie. Ces contrats comportent parfois un rajout « attelage ». Les disparités entre les différentes propositions de ces cabinets sont considérables, et trahissent le plus souvent une méconnaissance totale des réalités de l'attelage et de son vocabulaire.

Certains courtiers estiment qu'il faut payer une prime par voiture possédée. Ainsi, le modeste propriétaire d'une petite voiture en tube tractée par un poney shetland paiera une prime calculée sur la même base que le propriétaire d'un attelage à quatre chevaux. Le propriétaire d'un équidé unique devra éviter d'être collectionneur de voitures, car on lui deman-

dera d'acquitter une prime pour chacune, alors qu'il devra les laisser dans la remise, ne pouvant les atteler toutes à la fois.
Les associations, délégations et fédérations équestres proposent toutes une « option attelage » rajoutée à leur contrat équitation, et liée à leur cotisation.
Les avantages offerts sont multiples, mais jamais exhaustifs et parfois irréalistes.

QUE FAUT-IL ASSURER ?

Aucun des contrats proposés par les associations et les courtiers ne couvre les risques encourus par le matériel lors de la pratique de l'attelage, par exemple : le bris d'une lanterne ou d'un fouet, de la voiture ou du harnais, etc.
Aucun contrat ne prévoit la couverture des dommages que les chevaux peuvent subir.
Objet d'un investissement important, le matériel devrait être assuré contre les dommages qu'il pourrait subir hors de la pratique de l'attelage, par exemple, en cas de transport ; de vol ; d'incendie ; de vandalisme ; etc.
Dans tous les cas, mieux vaut vérifier la couverture des tiers (équipiers ou passagers) que l'on transporte lorsque ces personnes ne sont pas titulaires d'une carte de cavalier.
La responsabilité civile doit être couverte. Il s'agit des risques pécuniaires encourus en cas de dommages causés

Soyez toujours bien assuré

aux tiers, suite à un défaut d'acte de gardiennage de chevaux. Cette garantie intervient hors d'une « action d'équitation » par exemple : si le cheval s'échappe de son pré, de son box ou du camion, etc.
L'action d'équitation commence au moment où l'on passe le licol au cheval. Toutes les actions décrites dans l'encadré « Chronologies des opérations » du chapitre « Atteler et dételer » sont des « actions d'équitation ». Celles décrites dans le chapitre « mettre son cheval à l'attelage » aussi.
Tous les contrats couvrent ce type d'action. Encore faut-il vérifier jusqu'à quel montant, ainsi que les éventuelles restrictions et/ou franchises.
Le cheval peut lui aussi faire l'objet d'une assurance personnelle, type « santé-maladie-vol-incapacité », etc.

Le transport de la voiture

Transporter son attelage

Pour revenir d'une randonnée, se rendre à un rassemblement d'attelages ou participer à un concours, il faut envisager le transport automobile de son équipage. Les problèmes du déplacement des chevaux et d'une sellerie ont déjà été résolus par les cavaliers. Le meneur devra en plus affronter celui du transport de sa voiture.

Bloquer les roues

AVEC UN VAN TRACTÉ OU AUTOMOBILE

La manière la plus simple de transporter un petit équipage consiste à accrocher un van monoplace derrière une automobile. Grâce à des crochets spéciaux, il est possible de suspendre à l'arrière du van une légère voiture à deux roues.
Un van à deux places permet le transport d'une voiture plus importante et d'un matériel plus volumineux.

Le van automobile offre les mêmes possibilités que le van tracté, avec plus de place et l'agrément de voir le cheval pendant le voyage.

AVEC UN VAN AUTOMOBILE ET UNE REMORQUE

Les avantages offerts par une remorque sont d'une telle évidence que cet accessoire fait rapidement partie de la panoplie du meneur.

Attacher la voiture :
1. fixer les brancards sur la balustrade,
2. caler les roues,
3. attacher l'essieu,
4. fixer la caisse.

Avec une remorque porte-voiture, il devient possible de transporter une voiture à quatre roues. Deux chevaux peuvent prendre place dans le van avec les harnais, le matériel propre au meneur et aux accompagnateurs. Sur la remorque, entre les roues de la voiture, on peut glisser une ou deux cantines contenant du matériel, le fourrage, le grain, etc.

À l'étape, le van peut servir de logement aux personnes. Une bâche fixée sur le côté peut servir d'abri aux chevaux.

Par sécurité, on ne transporte pas une voiture hippomobile sur une remorque destinée au transport des motos ni une remorque domestique bricolée.

La voie du porteur doit être supérieure à celle de la voiture, afin que les roues de cette dernière reposent sur le plancher de la remorque.

COMMENT MONTER LES VOITURES

Pour monter une voiture sur une remorque, il faut utiliser des rails le plus larges possible, car il est difficile de diriger avec précision une voiture que l'on charge.

Pour tirer ou retenir les voitures, rien ne remplace la force d'un treuil tel que ceux qui servent sur les remorques à bateaux. Une combinaison judicieuse de poulies permet d'utiliser le même treuil pour hisser les voitures dans un camion et remonter un pont non compensé. Une aide sera la bienvenue.

Afin de la diriger efficacement, une voiture à deux roues se présente par l'arrière. Le câble du treuil s'attache sur le milieu de l'essieu. La personne la plus robuste actionne le treuil pendant que l'autre soutient les brancards et guide la voiture sur les rails. Une fois la voiture sur la plate-forme, il faut l'avancer de manière à régler la pression exercée par la remorque sur la boule de traction de la voiture.

Une voiture à quatre roues se présente également par l'arrière, munie de son timon. Le câble de traction s'attache au milieu de l'essieu arrière. Le timon sert à guider la montée.

Pour descendre une voiture à quatre roues d'une remorque, mieux vaut réinstaller le timon pour guider le train avant.

COMMENT ATTACHER LES VOITURES ?

La fixation d'une voiture pour le transport se fait en immobilisant les roues et les essieux. Il faut ensuite attacher la caisse pour éviter qu'elle ne balance et fatigue la suspension.

Une voiture à deux roues doit voyager en position de travail, les brancards fixés en position horizontale sur une balustrade.

Adresses utiles

Ces adresses sont celles d'entreprises notoirement connues pour leurs activités dans l'attelage (encarts publicitaires, participations à diverses manifestations publics etc.)
Figurer dans cette liste ne constitue en aucun cas une recommandation de l'auteur.
Ne pas figurer dans cette liste ne constitue en aucun cas une désapprobation de l'auteur.

Bouclerie

Guichard Sellier
Faubourg Sainte-Croix
09240 La Bastide de Sérou
Tél : 05.61.65.81.75.

Poursin
35 rue des Vinaigriers
75010 Paris
Tél : 01.46.07.17.07.

Châpeaux

Les nouveaux chapeliers
La Tombe
41190 Francay
Tél : 02.54.46.21.28.

Conseillers techniques, entraineurs chevaux, composition d'équipage

Benjamin Aillaud
2 rue de Mertzig
L-9173 Michelbuch
Luxembourg
Tél : + 352 91 4137 71.

Françoise et Franck Deplanche
132, rue Basse de Grouets
Blois
Tél : 02.54.74.79.09.

ENE
BP 207
49411 Saumur, cedex
Tél : 02.41.53.50.55.

Mireille Escavi
Domaine des Pierres
37110 Monthodon
Tél : 02.47.56.09.64.

Bernard Lecointe
Mas des Glacières
13210 Saint-Rémy-de-Provence
Tél : 04.90.92.37.93.

Gérard Sainte-beuve
Ferme de Bayancourt
60490 Ressons sur Matz
Tél : 03.44.42.59.05.

CUIRS ET OUTILS POUR TRAVAIL DU CUIR

Les cuirs RR
11, rue Taylor
75010 PARIS

LANTERNES

Alfred Hales SNR
Manor Road
Wales
Near Sheffield S31 8P
Angleterre

Auteroche-A 2 V
242, boulevard Jean-Jaurés
BP 88, 92105 Boulogne

REMORQUES PORTES-VOITURE

Ateliers Berrard
13570 Barbentane
Tél : 04.90.95.50.82.

Cheval liberté France
Tél : 08.25.08.67.61.

Jean-Luc Fautras
Les Chapelle
24230 Montcaret
Tél : 05.53.73.44.00.

RESTAURATION DE VÉHICULES HIPPOMOBILES ET CHARDONNAGE TRADITIONNEL

Lamarque G.
Tél : 05.63.02.41.61.

Les attelages de la Tuilerie
45430 Chécy
Tél : 02.38.86.84.10.

L'Atelier
4, route de l'Ouche aux Soies
37130 Saint Patrice
Tél : 02.47.96.99.14.

Patrick Pierre
10260 Villemoyenne
Tél : 03.25.40.90.82.

Dominique Possel
51330 Vroil
Tél : 03.26.73.08.16.

Sim Finet
27, rue Émile Zola
93100 Montreuil

Raymond Soulie
12620 Castelnau Pegayrols
Tél : 05.65.62.00.00.

VÉHICULES HIPPOMOBILES, HARNAIS, ÉQUIPEMENTS

Atel
32 rue du Hamel
80160 Conty
Tél : 03.22.41.33.00.

Ateliers Berrard
13570 Barbentane
Tél : 04.90.95.50.82.

Attelage Pouvreau
44860 St-Aignan-de-Grand-Lieu
Tél: 02.51.70.80.77.

Attelwell
36, rue de Chinon
37800 Saint -Maure-de-Touraine
Tél : 02.47.34.08.17.

Jean-Pierre Bontemps
37, rue Victor Hugo
24110 Saint-Astier
Tél : 05.53.54.02.46.

Caravoine
79180 Chauray-Niort
Tél : 05.49.08.25.21.

Bernard Chassy
23, route de Chalon
71270 Charrette
Tél : 03.85.72.84.48.

Cheval Paradis
9, Ancien Chemin de Paris
78790 Septeuil
Tél : 01.30.93.43.93.

EALd
25, rue du Grand Morin
77515 La Celle sur Morin
Tél : 01.64.03.90.18.

Écurie Claude Bernatets
Au Cornet
01290 Cormoranche sur Saône
Tél : 03.85.31.72.91.

Équicréa
Mas Saint-Clément
quartier Saint Gabriel
13150 TARASCON
Tél: 04.90.43.58.58.

Equip'Horse
RN 13
14100 Marolles
Tél : 02.31.63.68.65.

Francis Épineau
52 bis, rue Principale
72110 Rouperroux-le-Coquet
Tél : 02.43.29.15.04.

Fatore Louis
16, rue de la Poste
13690 Graveson
Tél: 04.90.95.72.55.

Gohin Attelage
La Haute Vaucelle
51210 Bergères sous Montmirail
Tél : 03.26.81.65.97.

Guichard Sellier
BP 11, Faubourg Sainte-Croix
09240 La Bastide de Sérou
Tél : 05.61.65.81.75.

H'Val Sellerie
Peccavilliers
88120 Saint-Aimé
Tél : 03.29.61.27.79.

La Sellerie du Meneur
Bladiès
12550 St-Juery
Tél : 05.65.99.86.54.

La Sellerie Percheronne
Les Noyers
41170 Souday
Tél : 02.54.80.74.17.

Jean-Pierre Lamoureux
Le Poirier, rue du Sicot
72220 Téloché
Tél : 02.43.42.77.68.

Jean-Pierre Leobet
7, place de l'Eglise
87300 Blond
Tél : 05.55.60.47.02.

Les Attelages de Fred
CH-2208 Les Hauts-Genevey
Suisse
Tél : + 41 32 853 37 56.

Les Attelages de Yebles
9, ruelle du Moulin
77390 Yebles
Tél : 01.64.06.13.99.

L'Hippomobile
le Grand Joubert
53290 St-Brice
Tél : 02.43.70.89.58.

Nortube
Route d'Auney
14410 Vassy
Tél : 02.31.66.33.00.

Schwebius
22, rue Circulaire
67150 Limersheim
Tél : 03.88.64.16.14.

Sellerie Phillipe Noiret
Chemin de Berrière
26780 Châteauneuf du Rhône
Tél :04.75.90.84.41.

La Sellette
2, rue des Arches
77130 Montereau
01.64.32.52.63

Lemaire Jean
La Roche de Payré
86700 Couhé Verac
Tél : 05.49.42.49.46.

Christian Van Den Heuvel et fils
BP 22
61140 Bagnoles de L'Orne
Tél : 02.33.37.12.79.

J. J Van Rijs
Dorpsstraat 149
NL 2761 AL Zevenhuizen
Hollande.

Van Der Wiel
Achel Statie 97
3930 Hamont-Achel
Belgique
Tél : 00.32.11.64.23.10

Voitures Pascal
Ferme de Ragis, Oizon
18700 Aubigny sur Nére
Tél : 02.48.58.08.58.